Renata Lopes Rosa
Demóstenes Z. Rodríguez
Graça Bressan

Análise de Sentimentos e Afetividade nas Redes Sociais

Renata Lopes Rosa
Demóstenes Z. Rodríguez
Graça Bressan

Análise de Sentimentos e Afetividade nas Redes Sociais

Métricas de Sentimentos e Afetividade

Novas Edições Acadêmicas

Impressum / Impressão
Bibliografische Information der Deutschen Nationalbibliothek: Die Deutsche Nationalbibliothek verzeichnet diese Publikation in der Deutschen Nationalbibliografie; detaillierte bibliografische Daten sind im Internet über http://dnb.d-nb.de abrufbar.
Alle in diesem Buch genannten Marken und Produktnamen unterliegen warenzeichen-, marken- oder patentrechtlichem Schutz bzw. sind Warenzeichen oder eingetragene Warenzeichen der jeweiligen Inhaber. Die Wiedergabe von Marken, Produktnamen, Gebrauchsnamen, Handelsnamen, Warenbezeichnungen u.s.w. in diesem Werk berechtigt auch ohne besondere Kennzeichnung nicht zu der Annahme, dass solche Namen im Sinne der Warenzeichen- und Markenschutzgesetzgebung als frei zu betrachten wären und daher von jedermann benutzt werden dürften.

Informação biográfica publicada por Deutsche Nationalbibliothek: Nationalbibliothek numera essa publicação em Deutsche Nationalbibliografie; dados biográficos detalhados estão disponíveis na Internet: http://dnb.d-nb.de.
Os outros nomes de marcas e produtos citados neste livro estão sujeitos à marca registrada ou a proteção de patentes e são marcas comerciais registradas dos seus respectivos proprietários. O uso dos nomes de marcas, nome de produto, nomes comuns, nome comerciais, descrições de produtos, etc. Inclusive sem uma marca particular nestas publicações, de forma alguma deve interpretar-se no sentido de que estes nomes possam ser considerados ilimitados em matérias de marcas e legislação de proteção de marcas e, portanto, ser utilizadas por qualquer pessoa.

Coverbild / Imagem da capa: www.ingimage.com

Verlag / Editora:
Novas Edições Acadêmicas
ist ein Imprint der / é uma marca de
OmniScriptum GmbH & Co. KG
Heinrich-Böcking-Str. 6-8, 66121 Saarbrücken, Deutschland / Niemcy
Email / Correio eletrônico: info@nea-edicoes.com

Herstellung: siehe letzte Seite /
Publicado: veja a última página
ISBN: 978-3-8417-0213-5

Zugl. / Aprovado/a pela/pelo: São Paulo, Universidade de São Paulo, Tese de Doutorado, 2015.

i

Aos meus pais, Samuel e Lourdes

Resumo

Atualmente, os usuários expressam seus desejos e preferências em relação a um objeto, conteúdo ou evento por meio das redes sociais; portanto, analisar os sentimentos de uma pessoa no mundo digital sobre o que a rodeia tem sido cada vez mais frequente com o intuito de conhecer as preferências desta pessoa. O estudo propõe um novo mecanismo e cálculo de sentimentos e afetividade, aperfeiçoando a análise de sentimentos. Um mecanismo de cálculo de sentimentos associado a um fator de correção correspondente a n-gramas, tempos verbais, expressões e às características pessoas, tais como idade, gênero e escolaridade é desenvolvido neste trabalho. Os sentimentos negativos, neutros e positivos são extraídos de frases das redes sociais. As frases são classificadas em intensidade de sentimentos e em polaridade positiva, negativa ou neutra, por meio de um novo dicionário de palavras em português e de um novo cálculo de sentimentos. O cálculo de sentimentos possui regras específicas para tempos verbais (presente e passado) e advérbios. Os sentimentos das palavras são extraídos por meio de adjetivos, substantivos, palavras únicas (unigramas) e palavras que associadas (bigramas e trigramas) possuem um significado diferente de palavras únicas. Para validação do desempenho do dicionário e do novo mecanismo de cálculo de sentimentos, os resultados são comparados com uma ferramenta de análise de sentimentos já existente, a *SentiStrength* e são validados por meio de testes subjetivos, com avaliadores remotos, com uma técnica denominada de *crowdsourcing* e por aprendizagem de máquina. O estudo também analisa a afetividade das frases e propõe uma métrica denominada de *Brazillian Affective Metric* (AFM-Br), extraindo emoções de raiva, alegria, tristeza, surpresa e nojo. A solução de análise de sentimentos e afetividade é aplicada em um sistema de recomendação de músicas, como estudo de caso, o qual sugere conteúdos conforme o estado sentimental da pessoa.

Abstract

Currently, users express their wishes and preferences in relation to an object, content or event through social networks; therefore analyze the sentiments of a person in the digital world about what surrounds the person has been increasingly used in order to know the preferences of this person. The study proposes new metrics of sentiments and affection, improving the sentiment analysis. The sentiment analysis metric associated with a corresponding correction factor for n-grams, tenses, expressions and personal characteristics such as age, gender and education is developed in this work. Negative, neutral and positive sentiments are extracted from social networks phrases. The sentences are ranked in positive, neutral or negative sentiment intensity or polarity by a new dictionary of words in Portuguese language and is extracted the sentiments. The calculation of sentiments has specific rules for verb tenses (present and past) and adverbs. The sentiments are extracted by means of adjectives, nouns, unigrams and associated words (bigrams and trigrams) that have a different meaning of single words. To validate the dictionary performance and new sentiments calculation mechanisms, the results are compared with an analysis tool of sentiments named of SentiStrength and are validated by subjective tests, with remote evaluators, with a technique named of crowdsourcing and machine learning. The study also analyzes the affection of sentences and proposes a metric called Brazillian Affective Metric (AFM-Br), that extracts emotions of anger, joy, sadness, surprise and disgust. The sentiment analysis solution and affection is applied in a music recommendation system, as a case study, which suggests content according to the emotional state of the person.

Sumário

Lista de Figuras

Lista de Tabelas

Lista de Abreviaturas

API *Application Programming Interface*

CURL *Client for URLs*

FQL *Facebook Query Language*

HTTP *Hyper Text Transfer Protocol*

JSON *JavaScript Object Notation*

LOL *Laughing Out Loud*

Mturk *Amazon Mechanical Turk*

PHP *Hypertext Preprocessor*

PQ *Programação Quadrática*

RBF *Radial Basis Function*

SMO *Otimização Mínima Seqüencial*

SPAM *Spiced hAM*

SVM *Support Vector Machine*

WEKA *Waikato Environment for Knowledge Analysis*

WTF *Work Time Fun*

1 Introdução

Atualmente, as pessoas expressam seus sentimentos por meio de textos na Web por meio de diferentes aplicações ou ferramentas de mídia social, compartilhando experiências, opiniões ou comentários gerais com amigos e outras pessoas sobre diversos temas, tais como, produtos, serviços ou qualquer evento ou assunto de interesse. Neste contexto, os usuários da Web possuem diversas opções de publicação de seus comentários, tais como blogs, redes sociais e aplicações de compartilhamento de vídeos e fotos.

Um dos aspectos mais importante da interação entre as pessoas que utilizam uma aplicação de rede social na Web é a troca de pensamentos e experiências. Os textos publicados podem refletir um sentimento em relação a um determinado assunto, expressando uma opinião favorável, desfavorável ou neutra. Os textos postados nas diversas aplicações da Internet são úteis para entender a opinião geral que as pessoas têm sobre um objeto ou tema e, portanto, esta informação pode ser usada como um retorno para os fabricantes ou prestadores de serviços, a fim de melhorar os seus produtos ou serviços. Além disso, os textos publicados na Web também são úteis para compreender as necessidades, preferências e interesses das pessoas.

Se uma pessoa, por exemplo, tem uma boa experiência com um produto e compartilha essa opinião publicamente em uma rede social, outras pessoas terão acesso a esse comentário e poderão concordar ou não com essa opinião. Quando a maioria dos comentários sobre um produto é positiva, pode-se inferir que este produto tem uma boa aceitação das pessoas.

Os comentários positivos refletem a aceitação e aprovação sobre um tema em discussão, por outro lado os comentários negativos refletem a reprovação ou desconformidade com o tema.

Nos últimos anos, o monitoramento das redes sociais tem sido o foco de diversas pesquisas tanto no âmbito acadêmico quanto no comercial. O objetivo dos estudos é capturar os comentários positivos e negativos referentes a um tema, e por meio da análise dos comentários, é possível obter conhecimento abrangente da opinião dos usuários sobre o tema, evento ou fato.

A análise de opiniões está relacionada com a análise de sentimentos ou mineração de opiniões (SILVA; LIMA, 2012), que inclui analisar atitudes, emoções e opiniões das pessoas.

A análise de sentimentos tem como objetivo determinar a intensidade de sentimentos e a polaridade das frases capturadas da Web (PANG; LEE; VAITHYA-NATHAN, 2002). A polaridade de uma frase representa as características positivas, negativas ou neutras da frase. Os sentimentos expressam o grau de intensidade positiva ou negativa de uma frase, possuindo uma escala que pode variar, por exemplo, de -5 a +5.

Na área de marketing o cálculo de sentimentos e polaridade de um texto auxilia na análise de determinados produtos, por exemplo:

"A câmera do meu celular é muito ruim pela baixa resolução!"

A análise afetiva difere da análise de sentimentos em relação à identificação das emoções. Enquanto a análise de sentimentos identifica se um texto possui valores positivos, negativos ou neutros, a análise afetiva identifica se um texto possui emoções de tristeza, raiva, alegria, nojo e outras. Portanto por meio de expressões, tais como "argh" a emoção de nojo é identificada.

A análise de sentimentos e a análise afetiva podem ser empregadas em diversas áreas, por exemplo, determinados comentários podem prever o sucesso ou fracasso de uma candidatura política, medir a disseminação de uma doença ou mesmo o grau de criminalidade de uma cidade.

1.1 Motivações e Justificativas

Analisar os valores positivos e negativos das palavras de um texto e encontrar a sua polaridade não é uma tarefa trivial (PANG; LEE; VAITHYANATHAN, 2002), pois, a classificação da intensidade de sentimento de uma palavra deve ser feita por mais de uma pessoa para não obter resultados errôneos. Outros fatores que levam a uma classificação menos precisa de intensidade de sentimentos se deve ao fato de não considerarem diferentes classes gramaticais das palavras, palavras conjuntas (bigramas e trigramas) e contextos específicos de estudo. Além disso, a análise de sentimento deve considerar a existência de frases irônicas e sarcásticas que fazem parte dos diálogos informais entre as pessoas.

Em geral, existem três linhas de pesquisa (WILSON; WIEBE; HOFFMANN, 2005) na análise de sentimentos, a abordagem léxica, a abordagem por aprendizagem de máquina, e a híbrida que é a junção de ambas as abordagens. A análise de sentimentos realizada pela técnica de aprendizagem de máquina utiliza textos já classificados que servem como base de treinamento, denominados de modelos. Com o uso dos modelos já treinados, novos textos podem ser classificados.

O inconveniente do aprendizado de máquina é que deve haver vários exemplos de textos já classificados para formar um corpo confiável de treinamento (QIU et al., 2009), pois a aprendizagem de máquina precisa de exemplos para conseguir identificar as novas frases não classificadas. Portanto, muitas vezes é necessário construir exemplos manualmente para auxiliar na detecção mais precisa dos sentimentos e polaridade. Quando os dados são escassos é mais importante contar com recursos eficazes, como a abordagem léxica (PENG; PARK, 2011). A maioria das ferramentas atuais de análise de sentimento em redes sociais escolhe a abordagem léxica. Porém, a aprendizagem de máquina vem sendo utilizada na construção automatizada de dicionários de dados, como na automatização da criação de regras de análises de textos em um domínio específico (SODERLAND et al., 1995), cujo uso é bastante utilizado na análise de diferentes emoções.

Existem ferramentas que analisam os textos extraídos de micro-blogs determinando as respectivas polaridades por meio de um dicionário. Exemplos de ferramentas de análise de textos são: ANEW (BRADLEY et al., 1999), *OpinionFinder* (WILSON; WIEBE; HOFFMANN, 2005), *SentiWordNet, WordNet* e *SentiStrength*. Tais ferramentas utilizam listas de palavras com respectivos valores de intensidade de sentimentos, formando um dicionário. Os textos extraídos da Web são analisados utilizando o dicionário, e as palavras adquirem uma pontuação, que pode variar, por exemplo, de -5 a +5. Posteriormente calcula-se a intensidade do sentimento e a polaridade final do texto (positiva, negativa ou neutra). A análise da intensidade de sentimentos é realizada considerando apenas a soma aritmética dos sentimentos contidos em cada palavra ou em um conjunto de palavras (n-gramas) de uma frase (NAGY; STAMBERGER, 2012) (NIELSEN, 2011), em que cada palavra ou conjunto de palavras tem sua própria pontuação de sentimento.

Das ferramentas de análise citadas acima, somente a ferramenta *SentiStrength* tem suporte para o idioma Português (do Brasil - Br), porém utiliza um dicionário genérico, e o mais recomendável é trabalhar com um dicionário específico para cada área estudada, pois as mesmas palavras podem receber diferentes classificações e pontuações dependendo do tema da frase analisada.

Muitos estudos (NIELSEN, 2011) (RAO et al., 2013) (FELDMAN, 2013) em análise de sentimentos trabalham usando dicionários de palavras, explorando o uso somente de palavras únicas, os unigramas, porém o uso de palavras conjuntas podem alterar totalmente o significado de uma frase, como por exemplo, no uso do unigrama "bom" e do bigrama "nada bom". Outras palavras também variam o acréscimo ou decréscimo de sentimentos de uma frase, tal como o tempo verbal e advérbios de intensidade e negação.

Adicionalmente, deve-se considerar que o valor de sentimento pode variar dependendo do perfil da pessoa que expressa uma determinada frase. Estudos têm mostrado que homens e mulheres expressam seus sentimentos nas redes sociais de uma forma e intensidade diferente (THELWALL; WILKINSON; UPPAL, 2010), mostrando que as mulheres são mais propensas a dar e receber comentários mais positivos do que os homens; as frases formuladas por mulheres apresentam um maior positivismo (THELWALL; BUCKLEY; PALTOGLOU, 2012). Portanto, a intensidade de sentimento pode variar muito dependendo do gênero (KUCUKTUNC et al., 2012). Esses trabalhos analisam gênero, idade e outros parâmetros de perfil do usuário, tais como a localização geográfica do usuário (KUCUKTUNC et al., 2012) (D.YANG et al., 2013); no entanto, os trabalhos relacionados com o cálculo da intensidade de sentimento da frase não consideram as informações de perfil como um fator complementar na determinação da pontuação total de sentimento da frase analisada.

A análise afetiva também é bastante utilizada para reconhecimento de emoções sem se restringir a intensidade negativa, positiva ou neutra, podendo identificar emoções como tristeza ou raiva onde ambas possuem intensidade negativa, porém com um significado bem diferente uma da outra.

Muitos trabalhos (REN; WU, 2013) (SKOWRON et al., 2013) utilizam a abordagem afetiva que é baseada no modelo de Ekman ou modelo "Big Six" (CALIX et al., 2010) (ALM, 2009) e também no modelo circumplexo de emoção de Russell (1980). As emoções contidas no modelo Big Six e de Russell (1980) são: felicidade, tristeza, raiva, medo, nojo e surpresa. Essas emoções são comumente identificadas com o uso do aprendizado de máquina (KRCADINAC et al., 2013).

A abordagem de afetividade tem sido explorada em muitas áreas, como por exemplo, em marketing (CAMBRIA et al., 2012) para capturar tanto polaridades e informações de afetividade através de emoções, tais como "alegria" ou "desgosto", as quais auxiliam as empresas a ter uma idéia mais clara do que os seus clientes pensam e sentem sobre os seus produtos.

Sistemas de Recomendação (SR) são amplamente utilizados para a recomendação de conteúdo comercial por meio de um sistema de comunicação, como a Web. Os usuários recebem as mensagens recomendadas e são encorajados a comprar ou consumir alguns produtos ou serviços. É claro que o conteúdo das mensagens precisa estar de acordo com as necessidades, interesses e também com o atual estado afetivo dos usuários.

Portanto, tanto a análise de sentimentos como a análise afetiva podem melhorar o desempenho de um SR. Um SR pode incorporar valores de afetividade de uma pessoa, por exemplo, uma aplicação que pede para a pessoa entrar manualmente com seu estado emocional e dependendo da emoção escolhida pelo usuário, um conteúdo específico é recomendado (CHEN; CHEN, 2001). Porém, vê-se a necessidade de automatizar a determinação do estado emocional do indivíduo, sem uma intervenção manual pelo próprio usuário do sistema.

Em redes sociais é comum que uma pessoa preencha informações pessoais básicas. 93,8% das pessoas preenchem o gênero (LAMPE; ELLISON; STEINFIELD, 2007) em seu perfil na Web. É possível capturar automaticamente e indiretamente alguns dados pessoais, como o gênero em redes sociais para se usar em um SR. Níveis de precisão de 60 a 90% (KRCADINAC et al., 2013) são obtidos por meio das técnicas de análise afetiva.

No momento de indicar um produto ou serviço, o SR deveria se comportar de acordo com a análise de sentimentos e a classificação afetiva do texto analisado, considerando o perfil do usuário.

Neste livro é estudada a importância do uso da análise de sentimentos e afetividade nos dias atuais, explorando o melhor modo para um cálculo de sentimentos mais realístico. Cada pessoa possui uma forma própria para se expressar e as particularidades de cada pessoa ou grupo de pessoa não vêm sendo exploradas nos cálculos de sentimentos e afetividade.

1.2 Objetivos

O objetivo principal deste livro é definir novos mecanismos com novas métricas de análise de sentimentos e afetividade por meio de vários fatores agregadores que visam melhorar os resultados das avaliações de sentimentos, polaridade e afetividade de frases extraídas das redes sociais. Posteriormente, pretende-se validar as novas métricas propostas de análise de sentimentos e afetividade por meio da implementação de um sistema de recomendação com foco em uma área determinada para verificar a performance das métricas propostas.

O estudo atinge os seguintes objetivos específicos:

- Apresentar um novo mecanismo de cálculo de sentimentos para obter um resultado mais acurado de sentimentos em relação aos mecanismos e fórmulas já existentes; cujo mecanismo de análise de sentimentos considere n-gramas e diferentes classes gramaticais e expressões de sentimentos utilizadas nas redes sociais.

- Obter uma função de ajuste do cálculo de sentimentos por meio dos dados de perfis dos usuários da Web. Verificar se fatores de perfis afetam uma análise de sentimentos e quais são estes fatores.

- Obter uma associação do cálculo de sentimentos e as expressões de emoções, tais como alegria, tristeza e raiva com auxílio de aprendizagem de máquina e de testes subjetivos.

1.3 Metodologia

A metodologia usada na realização deste estudo é apresentada a seguir:

- Estudo de trabalhos relacionados.

- Estudos de dicionários de palavras, fórmulas e mecanismos de cálculo de sentimentos e polaridade, e aprendizagem de máquina.

- Análise crítica dos dicionários fixos e cálculo de sentimentos e polaridade já existentes.

- Implementação de um sistema que extraia textos de microblogs.

- Estudo de palavras mais citadas a serem usadas na construção do dicionário fixo.

- Implementação de um dicionário fixo com classificação de palavras com diferentes classes gramaticais com especialistas da área.

- Implementação de um novo mecanismo de cálculo de sentimentos, o Sentimeter-Br.

- Validação do novo mecanismo de cálculo de sentimentos por meio de testes subjetivos presenciais e remotos por *crowdsourcing*.

- Estudo de algoritmos de aprendizagem de máquina para serem utilizados na validação dos cálculos de sentimentos.

- Implementação de um novo mecanismo de cálculo de sentimentos, o *Enhanced-Sentimeter* (eSM), por meio do perfil do usuário.

- Validação do novo mecanismo de cálculo de sentimentos por meio de testes subjetivos remotos.

- Implementação de um novo mecanismo de cálculo de sentimentos e afetividade que inclua expressões de afetividade, ou seja, que considera expressões que representem emoções de frases, o *Brazillian Affective Metric* (AFM-Br).

- Validação do AFM-Br por meio de testes subjetivos remotos.

- Modelagem de um sistema de recomendação que inclua a extração das frases, a comunicação com o dicionário de dados e o novo mecanismo de cálculo de sentimentos e afetividade.

- Comparação dos resultados do dicionário desenvolvido com outro dicionário de termos já existentes.

- Análise e validação dos resultados por meio de testes subjetivos.

- Apresentação dos resultados.

- Elaboração do estudo.

1.4 Contribuições

Este estudo apresenta como contribuições:

- Um mecanismo para o cálculo de sentimentos de uma frase, denominado de Sentimeter-Br, aperfeiçoando os mecanismos e fórmulas já existentes;

- O estudo de sentimentos de acordo com o perfil do usuário e a obtenção de uma função de ajuste do cálculo de sentimentos, com os dados de perfil da pessoa. Esta associação do Sentimeter-Br com a função de ajuste de sentimentos é denominada de eSM. A função eSM pretende demonstrar a importância de se considerar o perfil do usuário na análise de sentimentos, para obtenção de resultados mais realísticos.

- Um mecanismo para cálculo de sentimentos e afetividade que considere expressões de emoção por meio da aprendizagem de máquina associada ao eSM, denominado de AFM-Br.

- Validação das métricas propostas de análise de sentimentos e emoções extraídas das frases das Redes Sociais por meio do método de análise subjetiva remota ou *crowdsourcing*.

- Demonstração de um sistema de recomendação para ser aplicado na indicação de músicas utilizando as métricas propostas para efetuar a análise de sentimentos.

1.5   Estrutura do livro

Neste Capítulo, uma seção introdutória é apresentada, expondo o contexto e motivação da análise de sentimentos e afetividade e sua aplicação em um sistema de recomendação e são apresentadas a metodologia utilizada e as principais contribuições obtidas durante o estudo.

O Capítulo 2 constitui uma revisão teórica dos tópicos: conceitos básicos envolvidos na análise de sentimentos e de emoções e suas respectivas métricas, sistemas de recomendações baseados em sentimentos e emoções e testes subjetivos remotos via *crowdsourcing*.

As métricas de sentimentos propostas Sentimeter-Br e eSM são apresentadas no capítulo 3 e o método de análise considerando expressões de emoções, o AFM-Br é descrito no Capítulo 4. Nesses capítulos apresentamos as métricas, metodologias empregadas na definição das métricas propostas, incluindo os métodos subjetivos de avaliação de sentimentos realizados e os resultados da validação das métricas.

O Capítulo 5 apresenta um estudo de caso de um sistema de recomendação de músicas, juntamente com resultados obtidos.

O Capítulo 6 encerra o estudo apresentando as conclusões, contribuições deste estudo e as sugestões para trabalhos futuros.

No Apêndice A são apresentados os algoritmos de aprendizagem de máquina utilizados no estudo.

2   Revisão da literatura

Na literatura atual é possível encontrar uma vasta quantidade de trabalhos acadêmicos referentes à análise de sentimentos e à análise afetiva de frases extraídas das redes sociais.

O objetivo desse capítulo consiste na apresentação dos aspectos conceituais sobre análise de sentimentos e afetividade, discutindo os trabalhos encontrados na literatura nos últimos 11 anos. Em primeiro lugar, são apresentadas as principais metodologias de análise de sentimentos, incluindo-se as abordagens léxicas e por aprendizagem de máquina. Em seguida, são apresentados os métodos da análise afetiva, ferramentas de busca e extração de textos da Internet, e detecção de emoção por aprendizagem de máquina. Posteriormente, um Sistema de Recomendação baseado em sentimentos e emoções é apresentado.

2.1   Análise de Sentimentos e Polaridade

A análise de sentimentos nas mídias sociais tem como objetivo extrair textos publicados na Internet, os quais expressam idéias e opiniões das pessoas a respeito de um determinado assunto ou evento, classificando e quantificando as opiniões em valores positivos, negativos ou neutros.

A classificação de opiniões em textos extraídos das redes sociais é complexa pelo nível de informalidade, com uso de gírias e várias emoções expressadas por meio de desenhos e símbolos.

A palavra sentimento, conforme o dicionário Michaelis[1], expressa uma opinião e significa a faculdade intuitiva que alguém possui de perceber ou apreciar as qualidades ou méritos de algo.

Esses sentimentos podem expressar o grau de satisfação ou insatisfação de um usuário perante um produto, serviço ou evento. Esse grau pode ser expresso por uma escala, representando um grau de intensidade positiva ou negativa de

---

[1]michaelis.uol.com.br

uma palavra; a Figura 2.1 apresenta uma escala de intensidade de sentimentos que varia de -5 a +5 (do mais negativo ao mais positivo).

Figura 2.1: Escala de intensidade sentimental positiva ou negativa de uma palavra.

Em um estudo inicial (TURNEY, 2002) de análise de sentimentos e polaridade é mostrada a importância de extrair a polaridade de textos referentes às críticas de produtos e filmes. As frases que contém adjetivos e advérbios são classificadas com uma orientação semântica positiva ou negativa. Foram analisadas 410 críticas do site Epinions[2] em quatro domínios diferentes: automóveis, bancos, filmes e destinos para viagens.

Outro trabalho inicial (PANG; LEE; VAITHYANATHAN, 2002) analisa críticas de filmes por meio de palavras indicadoras de sentimentos negativos e positivos, como as palavras apresentadas na Tabela 2.1 que foram selecionadas por dois estudantes, a fim de corroborar a hipótese de que algumas palavras que expressam um grau alto de sentimento (extremamente positivo ou extremamente negativo) já são o suficiente para classificar um texto.

Tabela 2.1: Palavras positivas e negativas (PANG; LEE; VAITHYANATHAN, 2002)

	Palavras
Estudante 1	positivas: brilhante,fenomenal, excelente, fantástico negativas: terrível, horroroso
Estudante 2	positivas: espetacular, legal, excelente negativas: ruim, estúpido, lerdo

De uma forma geral, a análise de sentimentos pode ser realizada pela abordagem léxica e pela aprendizagem de máquina, as quais serão tratadas a seguir.

2.1.1 Analise léxica

Léxico é o conjunto ou acervo de palavras que um determinado idioma possui. Portanto, a análise léxica estuda as unidades do vocabulário, ou seja, as palavras portadoras de sentido: substantivos, adjetivos, verbos, advérbios entre outras. A

---

[2]www.epinions.com

análise sintática encarrega-se de examinar, classificar e reconhecer as estruturas da sintaxe, isto é, os períodos, as orações e os termos das orações. E por fim, é feita a análise semântica que verifica o significado do texto.

Analisar tanto o significado individual de uma palavra como o significado da palavra em um determinado contexto é fundamental para uma boa análise de sentimentos e polaridade.

Um dicionário pode ser definido com uma coleção de vocábulos de um determinado idioma, no qual cada palavra possui um significado. O dicionário utilizado na análise de sentimentos também possui uma coleção de vocábulos, porém seu significado é expresso por meio de uma classificação numérica, que indica o valor do sentimento da palavra. A intensidade de sentimento de uma palavra também pode ser expressa por meio da polaridade positiva, negativa ou neutra, em vez do valor numérico do sentimento.

Pesquisas (KOULOUMPIS; WILSON; MOORE, 2011) e constatações atuais indicam uma grande dificuldade na análise dos textos da Internet porque há muitas gírias e expressões de emoção em formato de símbolos. Os textos são capturados, as palavras-chave mais citadas no *microblog* que são antecedidas pelo símbolo # são separadas e classificadas em palavras-chave positivas, negativas ou neutras, conforme mostradas na Tabela 2.2.

Tabela 2.2: Palavras positivas, negativas e neutras (KOULOUMPIS; WILSON; MOORE, 2011)

Positivas	#euamoquando, #coisasquegosto, #sucesso
Negativas	#pior, #euodeio
Neutras	#trabalho, #noticia, #escutando

Após a classificação das palavras, a polaridade final é encontrada.

O dicionário de palavras de Nielsen(2011) contém palavras retiradas de um *microblog* e em sua maioria são gírias e palavras de uso informal, tal dicionário teve início a partir de um conjunto de palavras (SAPOLSKY; SHAFER; KAYE, 2008) e foi gradualmente ampliado manualmente, examinando postagens de um microblog. Palavras de domínio público foram incluídas e posteriormente, gírias da Internet foram adicionadas, incluindo termos como: WTF (*Work Time Fun*) e LOL (*laughing out loud*).

Como os textos extraídos das redes sociais são classificados como textos informais, é necessário considerar as palavras informais no dicionário de dados, como por exemplo, as gírias locais de cada país. Destacamos também a necessidade de se usar um dicionário específico para cada região e domínio de estudo.

2.1.1.1 Dicionários fixos e semi-automáticos

O dicionário de Nielsen(2011) é um exemplo de dicionário fixo contendo uma lista de palavras, com um total de 2477 palavras únicas, as quais consideram gírias, palavras obscenas e na sua maioria expressões retiradas do Twitter. Cada palavra do dicionário tem uma pontuação que varia de -5 (muito negativo) a +5 (muito positivo). A maioria das palavras negativas tem pontuação de -2, e a maioria das palavras positivas têm pontuação de +2. Somente as palavras mais informais (obscenas) possuem pontuação que varia de -4 ou -5.

A palavra "abandono", conforme o exemplo da Tabela 2.3, possui uma polaridade negativa e recebe uma classificação numérica sentimental de -2, conforme a escala de sentimentos de Nielsen (2011).

Tabela 2.3: Exemplos de palavras e seus respectivos valores contidos em um dicionário.

Palavras do dicionário	Valor de sentimento e polaridade
abandono	-2 (polaridade negativa)
abandonado	-2 (polaridade negativa)
habilidade	2 (polaridade positiva)
abuso	-3 (polaridade negativa)
aceito	1 (polaridade positiva)

Os resultados dos textos analisados com o dicionário de dados de Nielsen(2011) foram comparados com os resultados obtidos pelo algoritmo *SentiStrength* (THELWALL et al., 2010) que também possui um dicionário voltado a redes sociais. Porém, o dicionário de Nielsen(2011) conclui que a adição de palavras informais há uma melhora no desempenho do novo dicionário.

No dicionário de Nielsen(2011) cada palavra nova é adicionada manualmente e, portanto de tempos em tempos o dicionário é atualizado com novas expressões, gírias e palavras, formando o dicionário fixo. Um dicionário semi-automático possui uma pequena quantidade de palavras fixas e as demais são inseridas automaticamente.

Um dicionário semi-automático utiliza a seguinte metodologia (PENG; PARK, 2011):

- Obtém um conjunto de sementes de palavras positivas e negativas e expandi-las usando sinônimos e antônimos do dicionário WordNet (TURNEY, 2002);

- Extrai as correlações semânticas entre as palavras por meio das conjunções "e" e "mas" usando parte de técnica-de-fala (Part-Of-Speech - POS) (FINCH,

2007) em mídias sociais;

- Constrói uma matriz de restrição com o peso da relação de sinônimos do WordNet;

- Constrói uma matriz de restrição com o peso da relação de antônimos do WordNet;

- Usa um algoritmo denominado *Constrained Symmetric Nonnegative Matrix Factorization* (CSNMF) que calcula o valor dos novos adjetivos.

A validação do dicionário de Peng e Park (2011) foi feita utilizando o método de avaliação remota por meio da ferramenta *Amazon Mechanical Turk* (AMT)[3].

Para a obtenção do conjunto de sementes de palavras positivas e negativas, no trabalho de Peng e Park (2011) é utilizado o conceito de Informação Mútua Pontual (PMI). PMI é usado para extrair as correlações semânticas entre as características de um produto e o produto. Calculando o valor PMI, em seguida, obtém-se um limiar adequado.

Assim, algumas características de produtos serão abandonadas se o valor PMI está abaixo do limite.

$$\text{PMI(palavra}_1, palavra_2) = log_2 \frac{p(palavra_1 \& palavra_2))}{p(palavra_1) \cdot p(palavra_2)} \tag{2.1}$$

Aqui, $p(palavra_1 \& palavra_2)$ é a probabilidade de co-ocorrência de $palavra_1$ e $palavra_2$, e $p(palavra_1) \cdot p(palavra_2)$ resulta na probabilidade de que as duas palavras co-ocorrem se forem estatisticamente independentes.

A relação entre $p(palavra_1 \& palavra_2)$ e $p(palavra_1) \cdot p(palavra_2)$ é, portanto, uma medida do grau de dependência estatística entre as palavras. O logaritmo desta relação é a quantidade de informação que se adquirem sobre a presença de uma das palavras, quando observamos a outra.

A ocorrência da palavra " $palavra_1$ " é determinada pelo número de vezes que aparece em um texto $p(palavra_1)$. Por exemplo, a palavra "carro" aparece X vezes, a palavra "automático" aparece Y vezes e as palavras "carro & automático" (juntas) aparece Z vezes.

O PMI seria $log_2(Z/XY)$. Quanto maior Z o PMI mostra que as duas palavras estão correlacionadas e podem ser úteis.

---

[3]https://www.mturk.com/mturk

A seguinte equação (YIN; PENG, 2009) causou uma melhora da PMI, a qual é definida por :

$$\text{PMI(produto , característica)}=\log_2 \frac{exito(produto \& caracteristica)}{exito(produto) \cdot exito(caracteristica)} \qquad (2.2)$$

Existe também a construção automática de um dicionário (MIZUMOTO; YA-NAGIMOTO; YOSHIOKA, 2012). Para determinar o valor de sentimento de uma palavra há um grande número de frases onde as polaridades não são conhecidas. Segundo Mizumoto; Yanagimoto e Yoshioka (2012) todas as frases de um artigo devem possuir a mesma polaridade. Porém, nem sempre isso é correto, possuindo falhas na pontuação das palavras. No início, a freqüência de palavras positivas ou negativas é contada, as quais são adicionadas no dicionário de polaridade; posteriormente se compara a freqüência de algumas palavras positivas com o número de palavras negativas, e a polaridade é determinada. Se em um artigo existem mais palavras positivas do que palavras negativas então a polaridade do artigo é positiva.

2.1.1.2 *Wordnet*

O *Wordnet*[4] é uma base de dados de palavras em inglês, contendo verbos, substantivos, adjetivos e seus sinônimos. Essa base de dados é, de maneira simplificada, um enorme dicionário de dados sem nenhuma pontuação por palavra. Foi criado por Miller (1995) e possui mais de 118000 palavras diferentes.

Muitos trabalhos (BALAMURALIAR; JOSHI; BHATTACHARYYA, 2012) (PENG; PARK, 2011) utilizam dicionários de dados que usam o *WordNet*, cujas palavras do dicionário estão na língua inglesa. Os dados são coletados da rede social *Digg*. O sistema inicia-se com um dicionário pequeno de 27 adjetivos positivos e 25 adjetivos negativos e obtém, posteriormente, um dicionário de 165 palavras positivas e 216 palavras negativas, total dos adjetivos retirados do *Digg*.

O *Wordnet* é um dicionário usado por vários estudos de análise de sentimentos, porém é necessário efetuar a adição da intensidade de sentimentos ou polaridade em cada palavra, como o *Q-Wordnet* que apresenta as polaridades positivas e negativas (AGERRI; GARCÍA-SERRANO, 2010).

---

[4]wordnet.princeton.edu

2.1.1.3 *SentiWordnet*

Baseado no dicionário Wordnet, o *SentiWordNet*[5] é um dos analisadores de sentimentos mais utilizados onde cada termo/palavra é associado a uma pontuação numérica, a qual indica a intensidade de um sentimento positivo ou negativo.

O *SentiWordNet* contém mais de 110 mil palavras inglesas, divididas entre verbos, substantivos, adjetivos e advérbios.

Em termos lingüísticos, a morfologia estuda e classifica as palavras em: substantivo, artigo, adjetivo, numeral, pronome, verbo, advérbio, preposição, conjunção e interjeição. Nesse trabalho serão destacadas as classes mais importantes no uso de um dicionário de dados, conforme já apontadas por vários autores, como Turney (2002), Pang e Lee (2008), Peng e Park (2011) e Nielsen (2011).

Na língua portuguesa, as palavras são classificadas conforme o significado a que se propõe (NEVES, 2008), podendo ser:

- Substantivo: se refere a uma entidade, podendo ser um objeto ou uma pessoa. Expressa designações a objetos ou seres. Na análise de sentimentos os substantivos são importantes para se saber de quem se fala, podendo ser um produto, marca ou objeto.

- Adjetivo: oferece uma qualidade ou característica de um substantivo. É fundamental na análise de sentimentos para destacar uma característica boa ou ruim de um determinado objeto.

- Verbo: indica o estado ou ação em uma frase. Por meio dos tempos verbais é possível saber se a ação ou estado ocorreu no passado, presente ou futuro.

- Advérbio: palavra que propõe modificar o sentido de um verbo ou adjetivo, como por exemplo, na frase: "Isso não é nada bonito", no qual o advérbio "nada" altera o sentido do adjetivo "bonito".

Portanto, um adjetivo, um advérbio de negação e de intensidade podem modificar totalmente uma frase, conforme as frases abaixo:

"O macarrão não está bom" (o advérbio "não" nega o adjetivo de valor positivo "bom").

---

[5] sentiwordnet.isti.cnr.it

"Meu computador está muito lento" (advérbio "muito" intensifica o adjetivo "lento").

As pontuações do SentiWordnet variam de 0,0 a 1,0 (ESULI; SEBASTIANI, 2006). Os valores positivos tendem a 1, o dicionário possui um mecanismo bem simples de classificação.

O uso do Wordnet para outras línguas necessita ser readaptado. Num estudo (DENECKE, 2008) é exposto o seu uso na língua alemã.

Os dicionários baseados no Wordnet e SentiWordnet não possuem um vocabulário informal; como os textos extraídos das Redes Sociais são em sua maioria formados por textos informais, vê-se a necessidade de adicionar e modificar esses dicionários.

2.1.2 N-gramas

Ao se analisar um texto, pode-se procurar por palavras únicas ou combinações de palavras; essas combinações ou seqüências são chamadas de n-grama.

Quando é feita a análise de uma palavra única, por exemplo, a palavra "nada" estamos nos referindo a um unigrama, caso a análise seja feita com duas palavras consecutivas como "nada mal", por exemplo, estamos nos referindo a um bigrama.

O significado de alguns bigramas e trigramas (três palavras consecutivas) pode ser muito diferente de um unigrama, como no caso do bigrama "nada mal", que difere da palavra "nada". Desta forma, é importante considerar unigramas, bigramas e trigramas na análise de sentimentos de um texto.

2.1.3 Palavras não agregadoras de sentimentos

As palavras que não possuem um valor sentimental em um texto são denominadas de *stopwords*. Estas palavras não devem ser consideradas na análise sentimental de um texto, não tendo um valor incremental ou decrescente na análise de sentimentos e opiniões.

Segundo Braga (2009) há benefícios na remoção de *stopwords* de uma frase, antes de ser realizada a análise sentimental desta frase.

As *stopwords* são adicionadas em uma lista para identificar quais são as palavras que não possuem valor agregador de sentimento e polaridade de uma frase, isso tanto no caso dos dicionários como nas análises efetuadas pela aprendizagem de máquina.

Exemplos das palavras que podem ser desconsideradas, pois não acrescentam valor sentimental à frase, são: meu, uma, os, a, dessa, por, para e aquilo.

2.1.4 Métricas de intensidade de sentimento e polaridade de uma frase

As métricas para determinação de sentimento total consideram os valores de intensidade sentimental das palavras individuais que compõem uma frase.

A métrica usada do dicionário de Nielsen (2011) é mostrada na Equação 2.3:

$$sentimento(F) = \sum_{i=1}^{m} \frac{sentimento(P_i)}{\sqrt{comprimento(F)}} \quad\quad (2.3)$$

Onde:

- $\sqrt{comprimento(F)}$ é o número total de palavras dentro de uma frase F.

- $sentimento(P_i)$ é o valor de sentimento de cada palavra.

- $sentimento(F)$ é o valor total da intensidade de sentimento da frase F.

Na frase: *My hair is strange* (meu cabelo é/está estranho), o cálculo segundo o dicionário de Nielsen (2011) é:

Valores das palavras: strange = -1

$comprimento(F)$ = 4; contam 4 palavras (my, hair, is, strange)

$sentimento(F)$ = $-1/\sqrt{4}$

$sentimento(F)$ = -0,50

Veja que palavras como "my" poderiam ser desconsiderada, sendo retirada da frase por não atribuir um valor de sentimento, são as *stopwords*. Porém, em (NIELSEN, 2011) as *stopwords* não são consideradas nos cálculos do dicionário de dados.

Segundo o trabalho de Hogenboom et al. (2011) deve ser aplicada uma regra diferente para palavras negativas; para cada palavra de negação identificada, por exemplo, o modificador do sentimento é multiplicado por um fator de inversão, ou seja, é multiplicado por -1. Um modificador de sentimento = 1 indica que nenhuma

18

inversão foi aplicada; quando todas as palavras negativas forem processadas, a frase é pontuada pela soma das pontuações e o inversor é utilizado se necessário. Podendo assim, caso seja necessário, o fator de inversão de sentimento pode receber o valor de -1.

Um exemplo de inversão é o conjunto de palavras "nada bom", onde o valor de bom sofre uma inversão de +1 para -1.

2.1.5 Análise de sentimentos e polaridade por aprendizagem de máquina

A aprendizagem de máquina pode ser utilizada para efetuar a análise de sentimentos. Nesta área de pesquisa, por meio de algorítmos tenta-se prever o conteúdo emocional de um texto; portanto, uma informação é classificada, detectando seus comentários positivos, negativos ou neutros.

A aprendizagem de máquina utiliza algorítmos que recebem padrões já definidos, e a partir desses padrões tem capacidade de classificar novas entradas.

Os tipos de aprendizagem são classificados em:

- Supervisionado: é utilizado um padrão que indica ao algorítmo a resposta desejada para uma amostra de entrada.

- Não supervisionado: quando não existe um padrão indicando a resposta desejada para amostras de entrada.

Na análise de sentimentos, a aprendizagem de máquina auxilia na descoberta de polaridade.

Os classificadores baseados em aprendizagem de máquina podem apresentar bons resultados de precisão (SILVA; LIMA, 2012), porém é necessária um quantidade grande já classificada de dados de treinamento.

No Apêndice A são descritos os algorítmos de aprendizagem de máquina mais utilizados na área de análise de sentimentos, segundo os trabalhos de Neviarouskaya e Aono (2012) e Sidorov et al. (2012) : árvores de decisão, classificação bayesiana e otimização mínima seqüencial.

Na análise de sentimentos feita no trabalho de Pang, Lee e Vaithyanathan (2002) técnicas padrões de aprendizagem de máquina são utilizadas para avaliar resenhas de filmes. O objetivo do trabalho de Pang, Lee e Vaithyanathan (2002) é verificar se a aprendizagem de máquina é suficiente para a classificação de sentimento. Um sentimento contido em uma frase pode ser expresso de uma forma sutil. Por exemplo, a frase: "Como alguém pode assistir a este filme?" que não contém nenhuma palavra que é obviamente negativa, possui um significado negativo.

No trabalho de Pang, Lee e Vaithyanathan (2002) foram utilizados três algoritmos: classificação Naive Bayes, classificação de máxima entropia, e as máquinas de vetores de suporte (SVM), pois eles demonstraram ser eficazes em estudos anteriores de categorização de texto. Adicionalmente, esse estudo foca no uso de unigramas (com marcação de negação) e bigramas obtendo melhores resultados.

Trabalhos como o de Barbosa e Feng (2010) utilizam a aprendizagem de máquina para classificar textos em um microblog e calcular sua polaridade (positiva, negativa ou neutra). O *software* Weka (*Waikato Environment for Knowledge Analysis*) foi utilizado como ferramenta de análise, onde seus textos classificados pela ferramenta apresentaram uma taxa de erro de 18,7% para as análises de polaridade. No trabalho de Barbosa e Feng (2010) foram utilizados unigramas para o treinamento de dados.

Segundo Agarwal et al. (2011) os melhores resultados de aprendizagem de máquina são obtidos com o algoritmo SVM para calcular a positividade e negatividade de textos extraídos do *Twitter*.

O trabalho de Dang (2012) analisa vários textos extraídos de um microblog e que são submetidos a um filtro denominado de *StringToWordVector* que recebe o texto e converte-o em um vetor de palavras individuais. Isto é necessário porque o classificador Naive Bayes Multinomial, Árvore de Decisão e SVM não trabalham diretamente com texto, apenas com palavras separadas de um texto. Muitos dos estudos que foram citados nesta seção também trabalham com o filtro *StringToWordVector*.

2.2 Análise afetiva nas redes sociais

Muitos trabalhos (REN; WU, 2013) (SKOWRON et al., 2013) fazem a análise afetiva utilizando o modelo de Ekman ou o modelo *Big Six* (CALIX et al., 2010) (ALM, 2009). As emoções contidas no modelo Big Six são: felicidade, tristeza, raiva, medo, nojo e surpresa. Essas emoções são comumente identificadas com o uso do aprendizado de máquina (KRCADINAC et al., 2013).

A Figura 2.2 apresenta algumas emoções extraídas do trabalho de Russell (1980). No lado direito da figura estão as emoções que representam um significado positivo, do lado oposto estão as emoções contendo um sentimento negativo.

O modelo de Ekman ou modelo *Big Six* surgiu a partir de muitos estudos para demonstrar a universalidade de certas expressões faciais humanas de emoção, mas as mesmas emoções estão sendo utilizadas na abordagem léxica, como no estudo de Krcadinac et al. (2013).

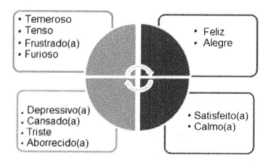

Figura 2.2: Emoções contendo sentimentos positivos e negativos.

O modelo de emoções de excitação-valência (Arousal-Valence) apresentado no trabalho de Thayer (1989) é amplamente explorado para expressar emoções; o modelo tem o eixo de valência afetiva, podendo ser positiva (ex.: divertido) ou negativa (ex.:triste), o eixo de (energia) excitação (da calma à estimulada) e o eixo de dominância (da passividade à atividade), como mostrados na Figura 2.3. Para exemplificar, a emoção de medo possui uma valência, energia e dominância negativa (passividade), já a emoção furioso possui uma valência e energia negativa e uma dominância positiva.

O modelo emocional apresentado no estudo de Lu (2013) tem os valores médios de sete emoções. As emoções são quase as mesmas para as emoções do modelo *Big Six*, com a diferença de que a emoção surpresa é substituída pela emoção aborrecida; cada emoção apresentada na Figura 2.3 é claramente distante umas das outras, porém a emoção tristeza se encontra bastante próxima da emoção aborrecida.

Uma emoção pode afetar todo um grupo de pessoas, de acordo com Scheve e Salmella (2014), há a emoção coletiva, em que a emoção pode ser espalhada no ambiente de uma pessoa ou nas redes sociais, por isso, a emoção em torno de uma pessoa é importante a ser considerada.

Figura 2.3: Gráfico das sete emoções. Fonte: Lui (2013)

O reconhecimento de afetividade foi estudado no trabalho de Picard, E.Vyzas e Healey (2001), porém utilizando medidas fisiológicas. O trabalho apresenta a necessidade de reconhecer e quantificar o estresse, raiva e outras emoções que podem influenciar a saúde. As emoções podem ser medidas por meio de palavras usadas em um diálogo, o tom de voz, expressão facial, respiração, temperatura, entre outros fatores. Nesse trabalho foram utilizados sensores para medir a tensão do músculo da face; a pressão arterial e outros fatores fisiológicos. Esse tipo de abordagem é útil em muitas aplicações com usuários presenciais, mas não com os usuários remotos, como no caso das redes sociais.

Conceitos de afetividade incorporam valores de sentimentos positivos e negativos, mas há também a distinção entre várias emoções, sem a restrição de considerar somente valores de intensidade de sentimentos.

O dicionário de palavra é utilizado em trabalhos a respeito de intensidade de sentimento, mas para a análise afetiva, a abordagem mais utilizada é a aprendizagem de máquina que consegue reconhecer os diferentes tipos de emoções.

Na Internet, com o advento das redes sociais, tais como o MySpace, é feita a detecção de palavras que expressam uma determinada emoção. No estudo de Huang, Goh e Liew (2007) algumas palavras-chave são utilizadas para detecção de emoções negativas de tristeza e raiva a fim de identificar possíveis suicidas no mundo virtual.

Várias outras aplicações vêm usando a análise afetiva, pois a Internet é um meio rico de informações, no trabalho de Cambria et al. (2010) são detectadas as palavras que contêm emoções negativas e abusivas, por exemplo, para que o usuário não tenha contato com frases classificadas como SPAM. Trabalhos como Hu e Liu (2004) e Dave, Lawrence e Pennock (2003) propõem mecanismos de detecção de palavras para classificar a opinião de clientes sobre um determinado produto.

AffectiveSpace (CAMBRIA; HUSSAIN, 2012) é um sistema de visualização de palavras em um espaço multidimensional de emoções, com valores que variam em afetividade positiva e negativa, nas quais as palavras são distribuídas em coordenadas.

2.2.1 Análise afetiva por meio de aprendizagem de máquina

A análise afetiva pode ser detectada de várias maneiras, seja por meio de sensores, detectores de gestos e fala até a aprendizagem de máquina.

A detecção pela fala é feita pela percepção de um estado de medo, raiva ou alegria onde o tom de voz pode se tornar mais alto. Outras emoções como cansaço, ou tristeza leva a uma fala mais lenta e de tom mais baixo (PICARD; E.VYZAS; HEALEY, 2001).

Detecções de emoções por expressões faciais também são usadas por meio de técnicas de fluxo óptico, modelo de Markov e processamento de rede neural.

Porém, no caso das redes sociais os métodos de aprendizagem de máquina são os mais adequados para detectar emoções remotamente sem uso de qualquer aparelho ou sensor.

Na aprendizagem de máquina as expressões extraídas de frases auxiliam na detecção de emoções, tal como a expressão inglesa "LOL" muito utilizada nas redes sociais, usada no estudo de Carvalho et al. (2009) para se detectar ironia.

Os *emoticons* (PAK; PAROUBEK, 2010), símbolos para expressar emoções por meio de ícones representam sentimentos e valores afetivos nas frases das redes sociais que expressam um determinado tipo de afetividade.

Os principais símbolos utilizados nas redes sociais para expressar emoções são mostrados na Figura 2.4.

A análise de diferentes emoções deve permitir que uma emoção negativa de tristeza se diferencie de uma outra emoção negativa que represente raiva, por exemplo. Portanto, estudos como o de Chen et al. (2014) afirmam que a aprendizagem de máquina tem apresentado, atualmente, bons resultados em relação a

feliz	>:] :-) :) :] =] 8) =) :))
triste	:-(:(:-c :-< :-[:{ :'(:-((
espanto	:-O o_O 8-0

Figura 2.4: Principais símbolos utilizados nas redes sociais para expressar emoções.

análise de afetividade. Embora se precise de um grande número de modelos para cada emoção, com um modelo grande de treinamento, os resultados são favoráveis, como no trabalho de Quan e Ren (2009) que detecta oito diferentes emoções de um microblog de língua chinesa.

Análise afetiva também é usada em conteúdos multimídia, como no estudo de Xu et al. (2014) que analisa conteúdo de vídeos e utiliza aprendizagem de máquina. Trabalhos similares utilizam outros algoritmos de aprendizagem de máquina, por exemplo, o trabalho de Soleymani et al. (2009) usa a classificação Bayesiana e no trabalho de Machajdik e Hanbury (2010) é utilizado o algoritmo SVM.

2.3 Análise de sentimentos e emoções para medir tendências de mercado por meio das redes sociais

Uma das aplicações, referentes à análise de opiniões, mais estudada ultimamente é a relacionada a negócios e marketing. As empresas querem saber os sentimentos sobre os seus produtos e os desejos dos seus consumidores.

A análise de sentimentos pode ser aplicada em diversas áreas, sejam relacionadas à beleza, moda, esportes, saúde, tecnologia e quaisquer outras que existam.

Os artigos de Abel et al. (2010) e Broillet, Dubosson e Trabichet (2008) investigam como a blogosfera pode ser usada para predizer o sucesso de produtos no domínio da música e filmes.

Estudar a estrutura das redes sociais em tempo real pode ajudar a melhorar a compreensão das campanhas de marketing. Os trabalhos de Abel et al. (2010) e Broillet, Dubosson e Trabichet (2008) mostram que a análise dos dados dos blogs pode ser usada para prever o sucesso dos produtos, porém concentram-se em domínios únicos e não investigam como as abordagens correspondentes podem atuar em outros domínios.

Segundo Domingos (2005) a estrutura das redes sociais em tempo real é estudada a fim de descobrir como elas podem ajudar a melhorar as campanhas de marketing. Estabelecer e predizer a estrutura dinâmica de conteúdo é um problema em aberto; no trabalho de Mislove et al. (2007) é feita uma análise das redes sociais, porém não é abordada uma solução que permita entender como o conteúdo é introduzido nesses sistemas, ou seja, como os dados ganham popularidade.

2.4 Prós e contras dos trabalhos relacionados à análise de sentimentos e afetiva

Os estudos de Pang e Lee (2008), Nielsen (2011) e Dang (2012) abordam um domínio genérico. Porém, a análise de sentimentos ou polaridade deve ser feita em domínios específicos, pois, dicionários específicos aumentam o desempenho da análise.

É necessário fazer a identificação do domínio a ser estudado e posteriormente se construir um dicionário específico, pois como já foi mencionado anteriormente, uma mesma palavra pode ter vários significados dependendo do seu contexto.

No trabalho de Zhang et al. (2008) o aumento de performance com uso de bigramas é mostrado com palavras características da língua chinesa. Ressaltando a necessidade de usar palavras características dependendo do idioma estudado. Porém o estudo aborda somente n-gramas na análise de sentimentos.

Os trabalhos de Na (2009) e Keller e Lapata (2003) mostram a utilidade do uso dos bigramas. Segundo o trabalho de Aluísio et al. (2006), as listas de 5-gramas e 4-gramas praticamente não forneciam informações úteis e foram descartadas da análise.

A pesquisa de Braga (2009) mostra resultados benéficos na remoção de palavras não agregadoras de sentimentos (stopwords), independente se são removidas antes ou depois da aplicação de uma medida estatística. As palavras não agregadoras podem ser removidas das listas de palavras, dicionários, e também das análises efetuadas pela aprendizagem de máquina.

Os trabalhos citados possuem o foco na análise da polaridade positiva e negativa, porém, muitos textos extraídos da Internet possuem expressões próprias e palavras informais que precisam ser considerados para melhorar o desempenho da análise de sentimentos. Na literatura atual existem poucos trabalhos que tratam das várias categorias de palavras que são utilizadas para realçar os valores de sentimentos na Internet, tais como a expressão "muito muito bom!!", "amo muito tudo isto!!", sendo necessário utilizar um dicionário próprio para uso em textos informais das redes sociais, blogs e fóruns.

Um dos grandes problemas da análise de sentimentos é estudar a subjetividade e os termos presentes em um texto que auxiliem no momento de classificar uma frase como positiva, negativa ou neutra. E muitos dos trabalhos já citados como Peng e Park (2011) e Yin e Peng (2009) que são estudos recentes, consideram somente palavras da classe gramatical "adjetivo" ou extrai somente as palavras consideradas como características do produto, descartando o restante das palavras.

Em estudos recentes, como em Mizumoto, Yanagimoto e Yoshioka (2012) constróem-se um dicionário semi-automático, porém somente as polaridades são calculadas e não valores que demonstram a intensidade de sentimentos (por exemplo, a variação de -5 a +5), também são excluídas as frases que possuem conjunções de negação e adversativa.

Trabalhos de análises de textos por meio de dicionários como Bradley et al. (1999), Wiebe e Wilson (2002), Qiu et al. (2009), Chamlertwat et al. (2012) e Nielsen (2011) apresentam as seguintes limitações:

- não fazem análise de sentimentos baseados em tempos verbais;

- não consideram uma análise detalhada de advérbios seguidos de adjetivos;

- são focados na análise de unigramas;

- não consideram a maioria das classes gramaticais de palavras;

- não consideram junções de palavras que modificam totalmente a polaridade de uma frase;

- a obtenção da intensidade de sentimentos de uma frase é realizada por uma simples soma aritmética.

Uma outra questão a ser estudada é se as características de uma pessoa, tais como idade, gênero e escolaridade, por exemplo, poderia afetar a análise de sentimentos, intensificando ou decrescendo o valor final de sentimentos extraídos da Internet.

Pelas razões expostas é essencial que a análise de sentimentos considere:

- N-gramas, remover palavras não agregadoras de valor e incluir palavras específicas e expressões idiomáticas contidas no texto a ser analisado (gírias, por exemplo).

- Diferentes classes gramaticais (adjetivos, advérbios, diferentes tipos verbais) de uma frase que agregam sentimentos a uma frase.

- Calcular o valor de intensidade de sentimentos total de uma frase no uso de dicionários semi-automáticos e automáticos, pois na literatura atual somente é calculada a polaridade, ou seja, é feito somente três classificações finais de uma frase: positiva, negativa e neutra. A classificação de polaridade é mais limitante e drástica.

- Utilizar cálculos mais complexos utilizando as diferentes classes gramaticais para o caso das frases mais complexas, como por exemplo, "Eu não me senti nem um pouco triste diante daquela situação".

- Verificar se o perfil de uma pessoa interfere na maneira que esta pessoa se expressa, podendo ser mais formal, polida ou não dependendo de seu perfil.

As vantagens de se usar a análise afetiva em relação à análise de sentimentos é a maior amplitude de emoções a serem identificadas em textos da Internet, porém com o uso de aprendizagem de máquina é necessário ter uma grande quantidade de dados para obter um modelo de treinamento para cada emoção.

2.5   Método de mineração de textos da Internet

Os dados contidos na Internet são amplos e muitas vezes é necessário efetuar uma filtragem das informações coletadas.

A mineração de opinião pode ser usada em diferentes tópicos; um tópico onde a mineração de opinião pode ajudar é a inteligência de marketing que auxilia no conhecimento do consumo da população. Mineração de opinião em dados textuais de inteligência de marketing pode ser classificada em três tipos (GLANCE et al., 2005):

- Alerta de início: informar aos usuários quando uma condição rara ou mais crítica ocorre.

- Rastreamento: seguindo as tendências em tópicos de discussão ou temas novos que estão se formando.

- Mineração de sentimentos: extração de frases e valores de opinião/sentimentos positivos, negativos e neutros.

Para efetuar a busca de informações pela Internet é usado um programa de computador, denominado de *Web Crawler* que é um mecanismo automatizado de mineração de dados, que metodicamente busca as informações em um determinado site ou pela Internet.

Após a mineração de dados é efetuada a extração desses dados para um fim específico (análise estatística, por exemplo). A extração pode ser construída por uma pessoa que sabe das características do cenário e domínio do qual será extraída a informação, esse método é denominado de engenharia de conhecimento.

O método de extração que é feito com o auxílio de um algoritmo já treinado é denominado de treinamento automático.

Um ou outro, ou até mesmo ambos os métodos podem ser usados para extração de dados da Internet.

2.6 Método crowdsourcing de avaliação e validação de sentimentos e emoções

Para se calcular a intensidade do sentimento de uma palavra ou mesmo para validar o sentimento total de uma frase, é necessária que a palavra ou frase total seja avaliada por uma pessoa ou uma máquina treinada. No caso da palavra ser analisada por uma pessoa é possível utilizar a avaliação subjetiva presencial ou remota.

O modelo de avaliação subjetiva remota formada por voluntários remunerados ou não que auxilia a resolução de problemas e validação de ferramentas, algoritmos e soluções é denominado de *crowdsourcing*.

O método de *crowdsourcing* é útil em áreas em que se precise de avaliações e validações subjetivas. Em vez de se procurar por várias pessoas que estejam presentes em um cenário específico de teste, estas pessoas podem estar alocadas remotamente em diversas regiões.

Questionários estão disponíveis no método de *crowdsourcing* para usuários remotos, os quais respondem os questionários. Esta avaliação à distância tem algumas vantagens sobre os testes presenciais de acordo com os trabalhos de Duffy e Smith (2006) e Selm e Jankowsi (2006).

O método de *crowdsourcing* é menos dispendioso e mais rápido em comparação com testes presenciais de avaliação subjetiva. Outro fator positivo é que os usuários (multidão) ficam mais confortáveis para responder aos questionários remotamente. Por outro lado, uma desvantagem desse método é a falta de um ambiente controlado.

Por meio do *crowdsourcing* é possível estudar o comportamento de uma pessoa frente a uma situação, como no estudo de Rodríguez, Rosa e Bressan (2014) que usa o método para avaliar a qualidade do vídeo com o propósito de definir uma métrica de qualidade de vídeo.

Na análise de sentimentos, a avaliação remota *Amazon Mechanical Turk* é utilizada por diversos autores, como Peng e Park (2011) e Cem et al. (2010), a fim de validar novos dicionários de dados e cálculos de sentimentos e polaridade.

O método de *crowdsourcing* é utilizado no trabalho de Nakov et al. (2013) por meio do Amazon Mechanical Turk para rotular um grande conjunto de dados de treinamento para frases extraídas do Twitter.

Machedon, Rand e Joshi (2013), na respectiva pesquisa propõe um método geral para a utilização de rótulos de dados de treinamento via *crowdsourcing* para uso em aprendizado de máquina supervisionado, a fim de classificar automaticamente mensagens extraídas de mídia social, para finalmente efetuar a análise de sentimento.

Demais trabalhos, como Keating, Rhodes e Richards (2013) e Brew, Greene e Cunningham (2010) com foco em análise de sentimentos extraídos da Internet também usam o método de *crowdsourcing*.

Em relação a análise afetiva o método de *crowdsourcing* também é utilizado no trabalho de Ahmad (2013), tanto para classificar como para validação das emoções.

2.7   Sistema de recomendação baseados em sentimentos e emoções

Um Sistema de Recomendação (SR) tem como objetivo coletar dados para formar um banco de dados personalizado. De acordo com esse banco de dados, itens específicos são recomendados para os usuários. Um usuário tem características especiais, tais como idade, gênero, nível de escolaridade; e o perfil do usuário é formado por estas características. Detectar e classificar o perfil de uma pessoa auxilia na personalização de um sistema de busca, publicidade ou indicação de conteúdos.

A operação básica de um SR pode ser formalmente descrita pelas equações 2.4 e 2.5 (RODRIGUEZ, 2010). O conjunto de todos os usuários do sistema é representado pela variável C e o conjunto de todo o conteúdo recomendado pela variável S; R é a classificação ordenada, ou conjunto ordenado de recomendações, mostrando os benefícios do conteúdo $s \in S$ para o usuário $c \in C$.

u é a utilidade ou relevância da informação/conteúdo, dado por:

$$u{:}C \times S \rightarrow R \tag{2.4}$$

E o cálculo da relevância dos resultados de pesquisa no SR é expresso por:

$$\forall c \in C, s'_c = arg_{s \in S}^{max} u(c, s) \tag{2.5}$$

Onde, para cada usuário $c \in C$, o conteúdo de $s' \in S$ que maximiza a utilidade do usuário deve ser encontrada (FAN; SHEN; MAI, 2008).

SR são amplamente utilizados para recomendar conteúdo, tais como texto e multimídia (CHEN; CHEN, 2001) (ZHOU; KHEMMARAT; GAO, 2010) (BERTINI et al., 2013) para os usuários de sistemas interligados da Internet, mas também para incentivar potenciais compradores (REISCHACH et al., 2009) (ZHANG et al., 2013) para consumir o que realmente gostam ou necessitam.

Os SR são aplicados em diversas áreas, desde marketing e vendas até sistemas de e-learning, e conteúdos multimídia.

A análise de sentimento e afetividade tem sido explorada em SR para recomendar conteúdos de acordo com o estado emocional da pessoa. Um conteúdo pode ser recomendado com base no humor da pessoa ou com base no nível de satisfação do usuário, como na pesquisa de G.-Crespo et al. (2010), que também considera os metadados semânticos e conteúdos visualizados anteriormente.

2.7.1 Tipos

Existem basicamente três tipos de sistemas de recomendação (FAN; SHEN; MAI, 2008), esses são:

- Baseado em Conteúdo: Um sistema de recomendação baseado em conteúdo recomenda ao usuário produtos que sejam semelhantes ao que ele preferiu no passado.

- Colaborativo: consiste na recomendação de itens que pessoas com gosto semelhante preferiram no passado.

- Híbrido: faz a associação dos dois tipos citados acima.

2.7.2 Componentes

Em geral, um sistema de recomendação possui três componentes:

- Dados de fundo que é a informação que o SR tem antes de recomendar um conteúdo;

- Dados de entrada que é a informação que o usuário tem para informar ao SR para ser gerada uma recomendação;

- Algoritmos que combinam os dados de fundo e de entrada para gerar a recomendação.

No tipo colaborativo, os dados de fundo são o histórico de avaliação dos usuários sobre um conjunto de itens, já os dados de entrada é o histórico de avaliação de um usuário específico.

Um sistema de recomendação tem como componentes principais as informações sobre itens e sobre os usuários do sistema, sendo que o objetivo é determinar o grau de relevância entre eles, por meio do uso de algoritmos.

Os sistemas de recomendações atuais vêm tentando extrair o quanto um usuário acha um conteúdo útil ou não, para aperfeiçoar cada vez mais o conteúdo a ser recomendado.

A análise de sentimentos pode ser utilizada de vários modos nos sistemas de recomendação, uma delas como no trabalho de Koukourikos et al. (2012) extrai os sentimentos dos usuários em relação a um conteúdo, nos quais os comentários dos usuários são pontuados a fim de extrair a opinião do usuário sobre alguns recursos educacionais apresentados a ele. Na pesquisa de Santos e Boticario (2012) os benefícios de se considerar a afetividade em sistemas de recomendação aplicados ao ensino são estudados.

Nos estudos citados sobre reconhecimento de sentimentos, principalmente por dados textuais coletados, é difícil determinar o melhor modo que um indivíduo responda a um questionário e que por meio desse seja extraído seu estado sentimental (ROBISON; MCQUIGGAN; LESTER, 2010), uma das questões a se descobrir é como o sentimento de um indivíduo pode melhor auxiliar um SR (SHEN; WANG; SHEN, 2007).

Sobre os trabalhos que tentam extrair várias emoções de um usuário, ou seja, a afetividade do usuário, o trabalho de Sasaki et al. (2013) mostra um sistema de recomendação de música baseado em afetividade, o qual usa imagens de entrada e os usuários desse sistema escolhem uma imagem periodicamente dependendo de seu humor, e dependendo da imagem um estilo de música é recomendado.

A maioria dos estudos, como Koelstra et al. (2012) exploram a análise afetiva através de sinais fisiológicos. Com o surgimento das redes sociais e da extração de dados da Internet, a tarefa de análise afetiva pode ser realizada de uma forma mais adequada e sem a necessidade da presença física do usuário para testes de laboratório.

3   Proposta de um sistema de análise de sentimentos

Neste capítulo será apresentada a proposta de um sistema de análise de sentimentos que inclua um dicionário de palavras, mecanismos de cálculo de sentimentos e um fator de correção de sentimentos que é dependente das características pessoais de um usuário da Internet.

3.1   Requisitos do analisador de sentimentos e polaridade

A seguir serão apresentados os requisitos para a orientação no desenvolvimento do mecanismo de análise de sentimentos e polaridade.

- O dicionário de palavras deve permitir a inserção de vários tipos de palavras como gírias, expressões de alegrias e tristeza por meio de ícones que expressam emoções, os *emoticons*, unigramas, bigramas, trigramas e associação de advérbios e adjetivos. As palavras não agregadoras de sentimentos, *stopwords*, devem ser removidas.

- As palavras e a associação de palavras devem ser devidamente identificadas como unigramas, bigramas ou trigramas para efetuar o cálculo de sentimento e polaridade de cada frase.

- Uma métrica que considere todas as palavras possíveis que contenham uma intensidade de sentimento deve ser considerada.

- A extração de frases das redes sociais deve ser feita em um período curto de postagem, a fim de representar os sentimentos do estado presente (atual) das pessoas que escreveram as frases.

3.2 Dicionário fixo de palavras

O dicionário é um conjunto de palavras as quais são associados, basicamente, os atributos: nome e valor de sentimento, podendo também possuir a categoria gramatical da palavra.

Serão utilizados diferentes dicionários, um para cada domínio. Um domínio representa uma área específica, como música, tecnologia, beleza e negócios. Para um determinado domínio, serão definidos os dicionários de unigramas, bigramas e trigramas.

É importante ter um dicionário diferente para cada área específica de estudo, porque uma palavra pode ter um valor positivo ou negativo, dependendo do contexto, como os textos abaixo, considerando a palavra "seco" que é um unigrama:

- "O risoto está extremamente seco: polaridade negativa."

- "O tapete está limpo e seco: polaridade positiva."

Neste trabalho exploraremos os domínios de tecnologia, música, beleza e negócios.

As palavras que não possuem valor agregador de sentimentos, tais como "esse", "o" e "ela", denominados de *stopwords*, serão desconsideradas das frases e não fazem parte dos dicionários de palavras.

3.2.1 Dicionário de unigramas

Um dicionário de unigramas é definido pelo conjunto:

$$D_u = \{(p_i, v_i, c_i), i = 1, ..., n\} \tag{3.1}$$

Onde:

- p_i é uma palavra.

- c_i é a categoria da palavra p_i.

- v_i é o valor de sentimento da palavra p_i de categoria c_i.

34

O valor de sentimento de um unigrama é representado pela seguinte função:

$$sentimento.unigrama(p_i, c_i) = v_i \qquad (3.2)$$

Onde:

- v_i é um número inteiro, de valor positivo ou negativo, calculado pelo valor médio de sentimento atribuído pelos especialistas à palavra p_i.

- $sentimento.unigrama(p_i, c_i)$ é função que define a intensidade de sentimento da palavra p_i contida no dicionário de unigramas de categoria c_i, tal que $(p_i, v_i, c_i) \in D_u$.

Um dicionário de unigramas D_u é composto por n triplas(p_i, v_i, c_i).

A Figura 3.1 mostra o diagrama de classes do dicionário de unigramas com seus atributos e métodos. O dicionário possui o atributo "domínio" e os métodos:

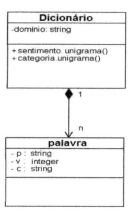

Figura 3.1: Diagrama de classes do dicionário de unigramas

- sentimento.unigrama() representa o respectivo valor de sentimento da palavra p_i.

- categoria.unigrama() lê a classe gramatical ou categoria da palavra p_i, podendo ser: verbo infinitivo, verbo passado, verbo presente, gíria muito positiva, gíria positiva, gíria muito negativa, gíria negativa, *emoticon* muito positivo, *emoticon* positivo, *emoticon* muito negativo, *emoticon* negativo, substantivo, adjetivo muito negativo, adjetivo negativo, adjetivo muito positivo, adjetivo negativo, advérbio muito negativo, advérbio negativo, advérbio muito positivo ou advérbio positivo.

O dicionário é formado por n palavras p que possuem um valor v e uma categoria c, conforme mostrados na Figura 3.1 e Tabela 3.1.

Tabela 3.1: Exemplos do dicionário de unigramas

Nome (p)	Valor (v)	Categoria (c)
funcionar	+3	verbo infinitivo
comemorar	+3	verbo infinitivo
fraco	-2	adjetivo negativo
funcionava	+3	verbo passado

O valor v_i das Equações 3.1 e 3.2 é calculado pelo valor médio de sentimento dado por cada especialista à palavra i, por meio de uma avaliação subjetiva. É utilizada uma escala de valores de -5 a +5, onde as gírias que denotam depreciações extremas recebem uma pontuação de -4, -5 ou +4, +5.

No dicionário também constam símbolos que expressam tristeza ou felicidade, que são comumente chamados de *emoticons*.

3.2.2 Dicionário de bigramas

Um dicionário de bigramas é definido pelo conjunto:

$$D_b = \{(p_i q_i, v_i), i = 1, ..., m\} \tag{3.3}$$

Onde:

- $p_i q_i$ são duas palavras que compõem um bigrama, sendo que $p_i \in D_u$ e $q_i \in D_u$.

- v_i valor de sentimento da palavra p_i seguida da palavra q_i.

Para um dicionário de bigramas D_b podemos definir a função abaixo, sendo que $p_i q_i \in D_b$:

$$sentimento.bigrama(p_iq_i) = v_i \qquad (3.4)$$

Onde:

- v_i é um número inteiro de valor positivo ou negativo, calculado por uma fórmula que depende dos componentes p_iq_i para obtenção da intensidade de sentimento para bigramas.

- $sentimento.bigrama(p_iq_i)$ é a intensidade de sentimento de p_i seguida de q_i contidas no dicionário de bigramas.

O dicionário de bigramas é formado por uma ou m palavras p seguidas de q que possuem um valor v, conforme mostrados na Figura 3.2 e na Tabela 3.2.

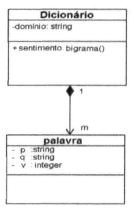

Figura 3.2: Diagrama de classes do dicionário de bigramas

Tabela 3.2: Exemplos do dicionário de bigramas

Nome (pq)	Valor (v)
bom demais	+5
muito horripilante	-5
extremamente salgado	-5

O diagrama de classes da Figura 3.2 mostra o dicionário de bigramas com seus atributos e métodos. O dicionário possui o atributo "domínio" e o método:

- sentimento.bigrama() que representa o respectivo valor de sentimento da palavra p_iq_i;

3.2.3 Dicionário de trigramas

Um dicionário de trigramas é definido pelo conjunto:

$$D_t = \{(p_i q_i r_i, v_i), i = 1, ..., s\} \tag{3.5}$$

Onde:

- $p_i q_i r_i$ são três palavras que compõem um trigrama.
- v_i valor de sentimento da sequência de palavras $p_i q_i r_i$.

Para um dicionário de trigramas D_t podemos definir a função abaixo, sendo que $p_i q_i r_i \in D_t$:

$$sentimento.trigrama(p_i q_i r_i) = v_i \tag{3.6}$$

Onde:

- v_i é um número inteiro de valor positivo ou negativo, calculado por uma fórmula que depende dos componentes $p_i q_i r_i$ para obtenção da intensidade de sentimento para trigramas.
- $sentimento.trigrama(p_i q_i r_i)$ é a intensidade de sentimento de p_i seguida de q_i e r_i contidas no dicionário de trigramas.

O dicionário de trigramas é formado por uma ou s palavras p seguidas de q e r que possuem um valor v, conforme mostrados na Figura 3.3 e na Tabela 3.3.

O diagrama de classes da Figura 3.3 mostra o dicionário de trigramas com seus atributos e métodos. O dicionário possui o atributo "domínio" e o método:

- sentimento.trigrama() que representa o respectivo valor de sentimento da sequência de palavras $p_i q_i r_i$;

As palavras das frases devem ser verificadas pelo dicionário de unigramas, bigramas e trigramas e por fim pela lista de *stopwords*.

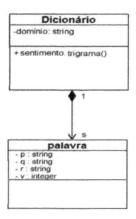

Figura 3.3: Diagrama de classes do dicionário de trigramas

Tabela 3.3: Exemplos do dicionário de trigramas

Nome (pqr)	Valor (v)
muito muito horroroso	-5
bem pouco maravilhoso	1,71
bem mediamente certo	1,71

Por meio dos valores de sentimentos dos unigramas, bigramas e trigramas de uma frase define-se uma fórmula que relaciona estes valores obtendo o valor de sentimento total ou a polaridade final da frase.

A polaridade de uma frase é calculada por meio de uma fórmula que tem como parâmetros os valores de sentimentos de seus unigramas, bigramas e trigramas.

3.3 Sentimeter-Br

As etapas para a construção do dicionário fixo são mostradas na Figura 3.4.

A partir de uma palavra-chave, são obtidas frases de uma rede social ou blog. As palavras têm seu valor de intensidade de sentimento atribuído por especialistas e são adicionadas nos dicionários de unigramas; para os bigramas e trigramas a intensidade de sentimentos é formada por meio das fórmulas de obtenção de n-gramas, conforme serão tratadas nas próximas subseções. Após o término da construção do dicionário de palavras, aplica-se a métrica de obtenção de intensidade de sentimento total da frase.

Existem muitas técnicas para criação de um dicionário de dados e atribuição

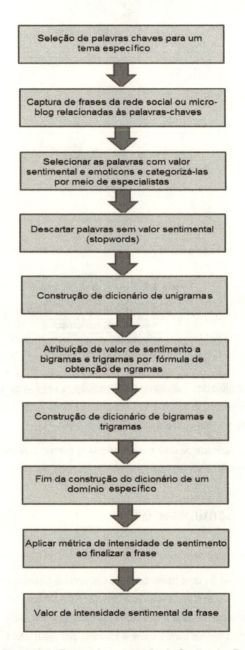

Figura 3.4: Etapas da construção do Sentimeter-Br

de valores de sentimentos. Na primeira proposta do trabalho está um dicionário de dados que denominamos de Sentimeter-Br (ROSA; RODRIGUEZ; BRESSAN, 2013).

O Sentimeter-Br considera unigramas (ex.: feliz), bigramas (ex.: muito feliz) e trigramas. O Sentimeter-Br apresenta melhores resultados com o uso de n-gramas quando comparados com a ferramenta *SentiStrength*.

3.3.1 Obtenção de intensidade de sentimentos e polaridade para unigramas

Nas próximas subseções serão explicadas de que maneira o mecanismo de análise de sentimentos, denominado de Sentimeter-Br reconhece se uma palavra é um unigrama, bigrama ou trigrama. É estudado um aprimoramento das fórmulas existentes para obtenção da polaridade e intensidade de sentimento de uma frase, considerando a abordagem por meio de dicionários de dados.

Uma palavra com significado próprio e substantivos compostos aparecem no dicionário como unigramas, e são considerados uma palavra única.

Deste modo, temos a função $sentimento.unigrama(p_i)$ que retorna o valor de sentimento, extraído do dicionário, correspondente à palavra p_i.

Dada uma frase $F = (p_1, p_2, p_3...p_n)$ formada por n palavras, o cálculo de intensidade de sentimentos de um unigrama p_i é o valor v_i extraído do dicionário atribuído pelos especialistas.

Para o caso dos bigramas e trigramas é necessário associar os valores das palavras unigramas atribuídos pelos especialistas com as regras citadas a seguir.

3.3.2 Fórmula para obtenção de intensidade de sentimentos e polaridade para bigramas

Se duas palavras ou três palavras consecutivas possuem um significado e um valor de sentimento diferente do que se elas fossem consideradas separadamente, então são consideradas bigramas ou trigramas.

A consideração de bigramas e trigramas permite o aprimoramento no cálculo de sentimento final de frases mais complexas, onde, por exemplo, duas palavras negativas consecutivas ("nada complicado") possuem uma valor positivo. As palavras consecutivas "nada complicado" podem ser consideradas bigramas para auxiliar no cálculo do sentimento e polaridade da frase.

Dado um bigrama $(p_i q_i)$ nos quais p_i é um advérbio e q_i é um adjetivo, são analisadas as categorias mostradas na Tabela 3.4 que foram escolhidas por serem os tipos de bigramas mais encontrados nas redes sociais, segundos os experimentos efetuados neste trabalho.

Tabela 3.4: Exemplos de categorias de bigramas $p_i \, q_i$

Categoria	Intensidade de sentimento de p_i	Intensidade de sentimento de q_i	Exemplo
1	positivo	muito negativo	muito horripilante; muito=+2, horripilante=-4
2	positivo	negativo	muito feio; muito=+2, feio=-3
3	negativo	muito positivo	pouco fantástico; pouco =-2, fantástico=+4
4	negativo	positivo	pouco bonito; pouco =-2, bonito=+3
5	negativo	muito negativo	pouco horripilante; pouco =-2, horripilante=-4
6	negativo	negativo	pouco feio; pouco =-2, feio=-3
7	positivo	muito positivo	muito fantástico; muito=+2, fantástico=+4
8	positivo	positivo	muito bonito; muito=+2, bonito=+3

Para as categorias da Tabela 3.4, é aplicada a regra da Equação 3.7 para o cálculo de intensidade de sentimentos do bigrama.

Para um bigrama no qual p_i é um advérbio de negação (exemplo: não, nada) e q_i é um verbo de valor positivo (exemplo: funciona) também é aplicada a Equação 3.7.

$$sentimento.bigrama(p_i q_i)_{F_j} =$$
$$fator1b_{cat_k} * sentimento.unigrama(p_i) + \quad\quad (3.7)$$
$$fator2b_{cat_k} * sentimento.unigrama(q_i)$$

Onde

- $(p_i q_i) \in D_b$.

- $sentimento.bigrama(p_i q_i)_{F_j}$: resultado da intensidade de sentimento de bigramas da Frase F_j.

- $fator1b_{cat_k}$ e $fator2b_{cat_k}$: pesos para valorizar a primeira e segunda palavra de categoria k, onde k varia de 1 a 8.

São coletadas 8 frases das redes sociais que representam 8 exemplos de frases com bigramas de uma mesma categoria, cada frase contendo somente 1 bigrama. Nos testes subjetivos realizados por meio de avaliação presencial em laboratório participaram 150 voluntários; os testes voluntários foram feitos em um laboratório de informática da Faculdade de Arquitetura da USP com pessoas (alunos e funcionários) de várias faixas etárias que nunca tinham participado de nenhum teste de sentimentos. Os avaliadores analisam a intensidade de sentimentos dos bigramas, sendo que cada frase é avaliada pelo menos 15 vezes, cada usuário avaliou em média 6 frases. O valor médio de avaliação de cada frase é encontrado e os valores de $sentimento.unigrama(p_i)$ e $sentimento.unigrama(q_i)$ são extraídos do dicionário de unigramas.

Exemplo de uma avaliação do bigrama "muito feio":

$sentimento.unigrama(muito)$ = +2;

$sentimento.unigrama(feio)$ = -3;

Avaliação média subjetiva do bigrama = -4,5;

$$(fator1b_{cat_k} * +2) + (fator2b_{cat_k} * -3) = -4,5$$

Até o momento, $fator1b_{cat_k}$, $fator2b_{cat_k}$ e $sentimento.bigrama(p_iq_i)_{F_j}$ não são conhecidos. Os valores do $fator1b_{cat_k}$ e $fator2b_{cat_k}$ para cada categoria de bigramas p_i e q_i independente da frase são descobertos por meios da avaliação subjetiva dos voluntários e posteriormente por meio de um sistema de equações o $sentimento.bigrama(p_iq_i)_{F_j}$ é encontrado.

Com os resultados dos testes subjetivos obteve-se para cada categoria um sistema linear de 8 equações e 2 incógnitas. Considerando que são 8 frases por categoria temos o seguinte sistema linear de equações:

$$\begin{bmatrix} sentimento.unigrama(p_1) & sentimento.unigrama(q_1) \\ \vdots & \vdots \\ sentimento.unigrama(p_8) & sentimento.unigrama(q_8) \end{bmatrix} \begin{bmatrix} fator1b(cat_k) \\ fator2b(cat_k) \end{bmatrix} = \begin{bmatrix} sentimento.bigrama(p_iq_i)_{F_1} \\ sentimento.bigrama(p_iq_i)_{F_2} \\ \vdots \\ sentimento.bigrama(p_iq_i)_{F_8} \end{bmatrix}$$
$$(3.8)$$

Para resolver este sistema de equações o método de mínimos quadrados, especificamente o pseudo-inverso, é utilizado.

$$x = (Q^T Q)^{-1} Q^T b \qquad (3.9)$$

Onde

$$x = \begin{bmatrix} fator1b(cat_k) \\ fator2b(cat_k) \end{bmatrix} \qquad (3.10)$$

$$Q = \begin{bmatrix} sentimento.unigrama(p_1) & sentimento.unigrama(q_1) \\ \vdots & \vdots \\ sentimento.unigrama(p_8) & sentimento.unigrama(q_8) \end{bmatrix} \qquad (3.11)$$

$$b = \begin{bmatrix} sentimento.bigrama(p_1 q_1)_{F_1} \\ \vdots \\ sentimento.bigrama(p_8 q_8)_{F_8} \end{bmatrix} \qquad (3.12)$$

Por fim, os valores dos dois fatores de peso para a categoria k, representada pela matriz x foram obtidos. Foi encontrado um valor único de sentimentos para as duas palavras, sendo adicionada como bigramas no dicionário.

Os valores encontrados para os fatores das 8 categorias são apresentados na Tabela 3.5.

Tabela 3.5: Pesos dos fatores de bigramas $fator1b$ e $fator2b$

Categoria	Peso de $fator1b$	Peso de $fator2b$
1	-0,58	0,89
2	-2,12	-0,25
3	-0,30	0,40
4	-0,58	0,09
5	0,95	-0,04
6	0,23	0,48
7	0,40	0,95
8	1,36	0,38

3.3.3 Fórmula para obtenção de intensidade de sentimentos e polaridade para trigramas

Para os trigramas, sendo $(p_i q_i r_i)$ nos quais p_i é um advérbio, q_i é um advérbio e r_i é um adjetivo, similar aos bigramas, são analisadas as categorias mostradas na Tabela 3.6.

Tabela 3.6: Exemplos de categorias de trigramas p_i q_i r_i

Categoria	Intensidade de sentimento de p_i	Intensidade de sentimento de q_i	Intensidade de sentimento de r_i	Exemplo
1	positivo	positivo	muito negativo ou negativo	muito muito feio; muito=+2, feio=-3
2	positivo	negativo	muito negativo ou negativo	muito pouco horroroso; muito=+2, pouco=-2, horroroso=-3
3	negativo	negativo	muito negativo ou negativo	pouco pouco feio; pouco =-2, feio=-3
4	positivo	positivo	muito positivo ou positivo	muito muito bonito; muito =+2, bonito=+3
5	positivo	negativo	muito positivo ou positivo	muito pouco bonito; muito =+2, pouco =-2, bonito=+3

Para as categorias da Tabela 3.6, é aplicada a regra da Equação 3.13 para o cálculo de intensidade de sentimentos do trigrama.

$$sentimento.trigrama(p_i q_i r_i)_{F_j} =$$
$$fator1t_{cat_k} * sentimento.unigrama(p_i)+$$
$$fator2t_{cat_k} * sentimento.unigrama(q_i)+ \qquad (3.13)$$
$$fator3t_{cat_k} * sentimento.unigrama(r_i)$$

Onde

- $(p_i q_i r_i) \in D_t$.

- $sentimento.trigrama(p_i q_i r_i)_{F_j}$: resultado da intensidade de sentimento de trigramas da frase F_j.

- $fator1t_{cat_k}$, $fator2t_{cat_k}$ e $fator3t_{cat_k}$: pesos para valorizar a primeira, segunda e terceira palavra de categoria k, que varia de 1 a 5.

São coletadas 16 frases das redes sociais que representam 16 exemplos de frases com trigramas de uma mesma categoria, cada frase contendo somente 1 trigrama. Nos testes subjetivos realizados por meio de avaliação presencial em laboratório participaram 150 voluntários; os avaliadores analisam a intensidade de sentimentos dos trigramas, sendo que cada frase é avaliada pelo menos 15 vezes, cada usuário avaliou em média 6 frases. O valor médio de avaliação de cada frase é encontrado e os valores de $sentimento.unigrama(p_i)$, $sentimento.unigrama(q_i)$ e $sentimento.unigrama(r_i)$ são extraídos do dicionário de unigramas.

Exemplo de uma avaliação do trigrama "muito muito feio":

$sentimento.unigrama(muito)$ = +2;

$sentimento.unigrama(feio)$ = -3;

Avaliação média subjetiva do trigrama = -5,0;

$$(fator1b_{cat_k} * +2) + (fator1b_{cat_k} * +2) + (fator2b_{cat_k} * -3) = -5,0$$

Até o momento, $fator1t_{cat_k}$, $fator2t_{cat_k}$, $fator3t_{cat_k}$ e $sentimento.trigrama(p_i q_i r_i)_{F_j}$ não são conhecidos. Os valores do $fator1t_{cat_k}$, $fator2t_{cat_k}$ e $fator3t_{cat_k}$ para cada categoria de trigramas p_i, q_i e r_i independente da frase são descobertos por meios da avaliação subjetiva dos voluntários e posteriormente por meio de um sistema de equações o $sentimento.trigrama(p_i q_i r_i)_{F_j}$ é encontrado.

Com os resultados dos testes subjetivos obteve-se para cada categoria um sistema linear de 16 equações e 3 incógnitas. Considerando que são 16 frases por categoria temos o seguinte sistema linear de equações:

$$\begin{bmatrix} sentimento.unigrama(p_1) & sentimento.unigrama(q_1) & sentimento.unigrama(r_1) \\ \vdots & \vdots & \vdots \\ sentimento.unigrama(p_{16}) & sentimento.unigrama(q_{16}) & sentimento.unigrama(r_{16}) \end{bmatrix} \begin{bmatrix} fator1t(cat_k) \\ fator2t(cat_k) \\ fator3t(cat_k) \end{bmatrix} = \begin{bmatrix} sentimento.trigrama(p_i q_i ri)_{F_1} \\ sentimento.trigrama(p_i q_i ri)_{F_2} \\ \vdots \\ sentimento.trigrama(p_i q_i ri)_{F_{16}} \end{bmatrix}$$

$$(3.14)$$

Para resolver este sistema de equações o método de mínimos quadrados, especificamente o pseudo-inverso, é utilizado.

$$x = (Q^T Q)^{-1} Q^T b \qquad (3.15)$$

Onde

$$x = \begin{bmatrix} fator1t(cat_k) \\ fator2t(cat_k) \\ fator3t(cat_k) \end{bmatrix} \tag{3.16}$$

$$Q = \begin{bmatrix} sentimento.unigrama(p_1) & sentimento.unigrama(q_1) & sentimento.unigrama(r_1) \\ \vdots & \vdots & \\ sentimento.unigrama(p_{16}) & sentimento.unigrama(q_{16}) & sentimento.unigrama(r_{16}) \end{bmatrix} \tag{3.17}$$

$$b = \begin{bmatrix} sentimento.trigrama(p_1 q_1 r_1)_{F_1} \\ \vdots \\ sentimento.trigrama(p_{16} q_{16} r_{16})_{F_{16}} \end{bmatrix} \tag{3.18}$$

Por fim, os valores dos dois fatores de peso para a categoria 1, representada pela matriz x foram obtidos. Foi encontrado um valor único de sentimentos para as três palavras, sendo adicionada como trigramas no dicionário.

Os valores encontrados para os fatores das 5 categorias são apresentados na Tabela 3.7.

Tabela 3.7: Pesos dos fatores de trigramas $fator1t$, $fator2t$ e $fator3t$

Categoria	Peso de fator1t	Peso de fator2t	Peso de fator3t
1	0	-2,5	0
2	1,2	1,0	0,8
3	0,4	-0,5	0,7
4	0	2,5	0
5	1,0	1,0	0,4

3.3.4 Fórmula para obtenção de intensidade de sentimentos e polaridade de uma frase

No cálculo de obtenção da intensidade de sentimentos da frase F, espera-se ter um valor mais próximo das avaliações subjetivas da intensidade de sentimento e polaridade da frase.

Dada uma frase $F = (p_1, p_2, p_3...p_t)$ formada por t palavras, o cálculo de intensidade de sentimentos de unigramas, bigramas e trigramas é feito através da Equação 3.19.

$$sentimento(F) = \frac{1}{fatorVerbal + n + m + s} * [SU + SB + ST] \qquad (3.19)$$

$ST = \sum_{i=1}^{s} sentimento.trigrama(p_i, p_{i+1}, p_{i+2})$ **tal que** $(p_i, p_{i+1}, p_{i+2}) \in F$ **e** $(p_i, p_{i+1}, p_{i+2}) \in D_t$.

$SB = \sum_{i=1}^{m} sentimento.bigrama(p_i, p_{i+1})$ **tal que** $(p_i, p_{i+1}) \in D_b$ **e** $(p_i, p_{i+1}, p_{i+2}) \notin D_t$.

$SU = \sum_{i=1}^{n} sentimento.unigrama(p_i)$ **tal que** $p_i \in D_u$ **e** $(p_i, p_{i+1}) \notin D_b$ **e** $(p_i, p_{i+1}, p_{i+2}) \notin D_t$.

Onde

- SU: sentimento de unigramas.

- SB: sentimento de bigramas.

- ST: sentimento de trigramas.

- D_u: conjunto de dicionário de unigramas.

- D_b: conjunto de dicionário de bigramas.

- D_t: conjunto de dicionário de trigramas.

- $sentimento(F)$: resultado da intensidade de sentimento total de uma frase F.

- fatorVerbal = m_1, se a frase possui um verbo que está no particípio passado; e fatorVerbal = m_2 se a frase está em outro tempo verbal ou não possui um verbo.

- n: é o número total de palavras unigramas que compõem a frase F com exceção das palavras não agregadoras de valor (*stopwords*).

- m: é o número total de palavras bigramas que compõem a frase F com exceção das palavras não agregadoras de valor (*stopwords*).

- s: é o número total de palavras trigramas que compõem a frase F com exceção das palavras não agregadoras de valor (*stopwords*).

Para a obtenção dos valores da variável fatorVerbal utilizada na Equação 3.19 e que representa o impacto do tempo verbal no sentimento da frase, realizaram-se testes subjetivos presencias. Nos testes subjetivos, foram utilizadas frases contendo de 4 a 8 palavras que não eram *stopwords*, pois, as frases extraídas das redes sociais possuíam em média 6 palavras. Inicialmente um total de 18 frases compostas só por unigramas foram avaliadas, das quais 9 frases possuíam um verbo que estava no particípio passado, e as frases restantes possuíam um verbo que estava em outro tempo verbal ou não possuía um verbo. Um número de avaliadores iniciais utilizados nos testes subjetivos foi de 29, e cada frase foi avaliada por pelo menos 15 avaliadores, sendo que uma pessoa avaliou em média 10 frases; os testes iniciais apresentaram valores de 0,965 para m_1 e 0,068 para m_2. Testes posteriores foram feitos com mais 55 frases de 4 a 8 palavras e com mais de 8 palavras sem contar os *stopwords*, contendo unigramas e n-gramas. As 55 frases foram analisadas pelos mesmos 29 avaliadores e a média dos resultados obtidos foram de 0,969 e 0,070 para m_1 e m_2, respectivamente.

3.3.5 Validação do Sentimeter-Br

A seguir são apresentados os resultados obtidos na validação da métrica proposta, Sentimeter-Br. A validação foi feita por meio de testes subjetivos e posteriormente foi utilizada a aprendizagem de máquina; ambas as técnicas de validação são detalhadas a seguir.

3.3.5.1 Resultados por meio de testes subjetivos

Para efetuar testes de validação com o Sentimeter-Br utilizou-se a avaliação subjetiva remota, denominada de *crowdsourcing* que é formada por voluntários com o objetivo de auxiliar na validação de ferramentas e soluções. O método de *crowdsourcing* facilita no momento de efetuar os testes com um número grande de pessoas e com características diferentes, pois estas pessoas podem estar alocadas remotamente em diversas regiões.

Os usuários remotos respondem a questionários e suas respostas são coletadas, é um método rápido e válido para validação de testes.

A validação do cálculo de intensidade de sentimento é feita utilizando um portal de testes remotos. 150 pessoas avaliaram a intensidade de sentimentos de 2000 frases extraídas do Twitter. As frases fazem parte dos domínios de tecnologia, música, beleza e negócios. No questionário, as pessoas pontuaram as frases de -5 a +5. Os usuários remotos também indicavam as palavras que pontuavam a frase em positiva ou negativa.

As pessoas também preencheram um formulário contendo um apelido ou nome, idade, gênero, nível de escolaridade e local de onde estavam fazendo o teste. Foram selecionadas somente pessoas nativas em língua portuguesa.

As mesmas frases foram avaliadas pelas métricas Sentimeter-Br e *SentiStrength* com o objetivo de verificar a eficiência do Sentimeter-Br. Alguns exemplos de frases são mostrados na Tabela 3.8.

Tabela 3.8: Resultados de alguns exemplos de sentimentos obtidos por Sentimeter-Br e SentiStrengh

Frase	Avaliação subjetiva do usuário	Sentimeter-Br	*SentiStrength*
A vida vai bem	2,5	2,1	1,5
Gosto de assistir filmes	2,5	2,1	2,0
Eu estou muito bem	4,0	3,7	3,0

A análise de correlação de Pearson foi feita para verificar a correlação entre os testes subjetivos e o Sentimeter-Br e a correlação entre os testes subjetivos e a métrica *SentiStrength*; fatores de Pearson de 0,89 com a métrica Sentimeter-Br e de 0,75 com a métrica *SentiStrength* foram obtidos.

3.3.5.2 Resultados em relação a aprendizagem de máquina

As frases foram extraídas do Twitter, através de uma rotina de extração de frases; posteriormente a métrica Sentimeter-Br também foi validada com o software de aprendizado de máquina, Weka.

Os seguintes passos foram feitos para efetuar a análise por meio da aprendizagem de máquina:

- Um arquivo de texto com extensão .arff foi criado contendo 1000 frases modelos com suas respectivas classificações em frases positivas, negativas, neutras ou *spam*. Foram utilizadas frases curtas com 3 ou 4 palavras e frases médias até 8 palavras, sem contar *stopwords*, com tempo verbal no presente, passado e outros tempos verbais. A classificação das frases modelos foram feitas por especialistas.

- Uma lista de *stopwords* pode ser utilizada no software Weka, por meio da opção "-stopwords" que carrega o arquivo de *stopwords* externo. O formato para o arquivo de *stopwords* é um palavra por linha, assim as linhas que começam com "" são interpretados como comentários e são ignoradas do texto.

- A maioria dos classificadores no Weka não consegue verificar os atributos do tipo texto, portanto, é necessário aplicar um filtro denominado StringToWord-Vector que converte o texto em um conjunto de atributos que representam a ocorrência das palavras.

- Um conjunto de treinamento é formado pelo modelo de referência das 1000 frases utilizando quatro algoritmos de aprendizado de máquina, o de árvore de decisão J48, o Naive Bayes, o Naive Bayes Multinomial e o de Otimização Mínima Sequencial (SMO). As frases são fragmentadas em dois subconjuntos, denominadas de base de treinamento e base de testes; a base treinada representa o conhecimento extraído e é aplicada à base de testes. Como as frases de base de testes também são previamente classificadas, pode-se medir a taxa de acerto da classificação feita pelo Weka. A técnica de validação cruzada consiste em dividir a base de dados em partes, na qual algumas partes são utilizadas para o treinamento, enquanto outra parte é usada como testes. O processo é repetido de forma que cada parte seja usada uma vez como base de testes. Ao final, a média dos resultados em cada etapa é calculada.

- Na fase de testes com o conjunto de treinamento define-se se a quantidade de frases modelos é suficiente para efetuar uma boa classificação de frases não classificadas; caso resultados com baixa porcentagem de classificação sejam obtidos, então mais frases modelos são necessárias para efetuar uma boa classificação de sentimentos.

- Posteriormente, outras 3000 frases não classificadas são colocadas em um outro arquivo .arff e as frases são comparadas com o modelo de frases já classificadas; os mesmos algoritmos de aprendizagem de máquina são utilizados.

- Finalmente, as frases são classificadas em positivas, negativas, neutras ou spam, com respectiva probabilidade de instâncias (frases) classificadas corretamente.

Os resultados mostram a porcentagem de frases classificadas corretamente com o método de aprendizagem de máquina e o Sentimeter-Br, como pode ser visto na Tabela 3.9; o algoritmo SMO teve uma maior probabilidade de instâncias (frases) classificadas corretamente em comparação com outros algoritmos de aprendizado de máquina, como pode ser visto no uso de n-gramas e removendo as stopwords (remov. stopw.), com o valor de 72,08%.

A Tabela 3.9 mostra também a comparação entre os resultados obtidos pelos algoritmos de aprendizagem de máquina (J48, Naive Bayes, Bayes Multinomial e SMO) e a métrica proposta Sentimeter-Br, a qual fez uso somente de unigramas e n-gramas.

Tabela 3.9: Instâncias Classificadas Corretamente (%) por aprendizagem de máquina e o Sentimeter-Br

		J48	Naïve Bayes	Bayes Multin.	SMO	Sentimeter-Br
unigramas	remov. stopw.	64,72	64,28	63,91	58,67	55,87
n-gramas	remov. stopw.	69,34	67,27	68,41	72,08	79,48

A classificação das frases por Sentimeter-Br apresentou melhores resultados com a adição de n-gramas (unigramas, bigramas e trigramas) e removendo as *stopwords*. A partir da Tabela 3.9 pode ser visto que a análise de sentimentos feita por meio de um dicionário de palavras, considerando n-gramas e removendo *stopwords*, teve um bom desempenho.

A Figura 3.5 mostra os tempos de execução em segundos da métrica de cálculo do Sentimeter-Br e dos algoritmos J48, Naive Bayes e SMO.

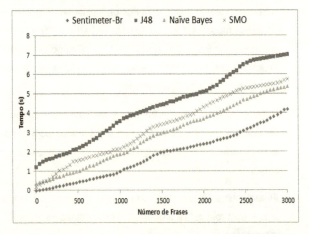

Figura 3.5: Desempenho dos algoritmos para análise de sentimentos

Na Figura 3.5 não se considerou o tempo para treinamento de 3000 frases modelos de intensidade positiva, negativa e neutra que usam os algoritmos J48, Naive Bayes e SMO. Os resultados mostram que a métrica Sentimeter-Br quando comparada com os demais algoritmos consome um tempo menor para o cálculo de sentimentos das frases analisadas por se tratar de um algoritmo de baixa complexidade, adicionalmente o algoritmo Sentimeter-Br não necessita efetuar o treinamento de amostras para avaliar novas frases.

A Tabela 3.10 mostra o tempo em segundos para efetuar o treinamento das frases modelos usando uma validação cruzada de 10 subconjuntos mutuamente exclusivos. Os testes foram feitos em um computador de processador i3-2310M de 2.10 GHz e memória RAM de 3 GB.

Tabela 3.10: Tempo em segundos necessário para o treino das frases modelos.

J48	Naïve Bayes	SMO
6,8 s	4,7 s	2,5 s

3.4 Enhanced-Sentimeter (eSM) - Análise de sentimentos por meio do perfil do usuário

As pessoas possuem características próprias e dependendo destas características as pessoas podem se comportar de uma forma diferente das outras. Ao longo deste trabalho foram estudadas algumas características, tais como a localização geográfica, renda salarial e outros, porém os fatores que mais influenciaram nossos estudos de análise de sentimento foram: idade da pessoa, gênero, nível de escolaridade e o tema da frase analisada.

Por meio do estudo das características das pessoas, propõe-se um modelo matemático que funciona como um fator de correção para a métrica proposta Sentimeter-Br. Uma nova métrica é obtida, denominada de *Enhanced-Sentimeter* (eSM) que é a associação do Sentimeter-Br com o fator de correção citado. O fator de correção considera, além do perfil do usuário, o tema da frase analisada considerando tecnologia, música, beleza e negócios.

3.4.1 Etapas para o desenvolvimento da métrica eSM

As etapas para o desenvolvimento da métrica eSM são:

- Análise de sentimentos de uma frase por meio do Sentimeter-Br;

- Extração das características da pessoa que teve sua frase extraída da Internet e analisada pelo Sentimeter-Br;

- Obtenção do fator de correção de acordo com o perfil da pessoa;

- Obtenção do novo valor de sentimento da frase de acordo com a métrica eSM.

3.4.2 Fórmula para obtenção da métrica eSM

O valor do sentimento obtido por Sentimeter-Br é associado ao perfil do pessoa por meio de um modelo matemático obtido. Este modelo matemático representa a métrica proposta, chamada de eSM, que é definida na Equação 3.20. As funções lineares e exponenciais foram testadas, e a última função apresentou um menor erro quadrático e por isso foi escolhida.

Com todas essas considerações, a métrica eSM para a frase F_1 é dada por:

$$eSM(F_i) = Sentimeter\_Br(F_i) * C * exp(a_1 * A_1 + a_2 * A_2 + ... + a_n * A_n + g_1 * M + g_2$$
$$+ e_1 * G + e_2 * nG + t_1 * T_2 + ... + t_m * $$

(3.20)

Testes foram feitos com o método linear e exponencial, e o modelo exponencial teve resultados mais próximos dos obtidos pelos testes subjetivos.

O eSM é obtido com os seguintes fatores:

- F_i: frase i.

- C: uma constante.

- a_1 até a_n: fatores de seleção de faixa de idade. Apenas um dos a_i é igual a 1 e os demais são nulos.

- A_1 até A_n: pesos de cada faixa de idade, este trabalho considerou 4 faixas.

- g_1 e g_2: fatores de seleção para cada gênero (masculino e feminino); neste trabalho foram explorados somente o gênero masculino e feminino, porém o estudo pode ser estendido para outros gêneros. Apenas um dos g_i é igual a 1 e os demais são nulos.

- M e F: pesos de gênero, masculino e feminino, respectivamente.

- e_1 e e_2: fatores de seleção de nível educacional; neste trabalho foram considerados apenas dois níveis de escolaridade, graduado em nível superior e não graduado em nível superior, porém o estudo pode ser estendido para outras categorias de estudo. Apenas um dos e_i é igual a 1 e os demais são nulos.

- G e nG: pesos do nível educacional, graduado e não graduado, respectivamente.

- t_1 até t_n: fatores de seleção para cada tema das frases. Apenas um dos t_i é igual a 1 e os demais são nulos.

- T_1 até T_n: pesos de cada tema; este trabalho considerou 4 temas.

Para determinação da constante C e dos pesos para cada faixa de idade, gênero, nível educacional e temas, utilizam-se 234 frases das quais se tem a avaliação subjetiva e são conhecidos a faixa de idade, gênero, escolaridade e temas; o valor de $eSMsubj(F_i)$ é obtido por meio dos testes subjetivos que dará origem a eSM da Equação 3.20, o valor de $SentimeterBr(F_i)$ é obtido por meio da Equação 3.19. Neste caso, constrói-se a Equação 3.20 e aplicam-se os valores conhecidos obtendo-se uma equação para cada frase resultando no sistema de Equações 3.21:

$$\ln\left(\frac{eSMsubj(F_i)}{Sentimeter\_Br(F_i)}\right) = \ln(C) + a_1 * A_1 + a_2 * A_2 + ... + a_n * A_n + g_1 * M + g_2 * F$$
$$+ e_1 * G + e_2 * nG + t_1 * T_2 + ... + T_m$$

$$(3.21)$$

No qual, F_i representa a frase F_i, no qual i varia de 1 a 234, pois esse foi o número total de frases. As frases foram avaliadas usando a métrica Sentimeter-Br e eSM. O valor de sentimento de cada frase resultou dos testes subjetivos, e esses valores de sentimento foram usados para modelar o eSM (F_i). Nos testes subjetivos 81 avaliadores analisaram as 234 frases e cada frase foi avaliada por 15 pessoas.

Obtiveram-se 234 equações lineares tendo como incógnita os fatores a serem determinados. O sistema é representado como:

$$Qx = b \qquad (3.22)$$

Onde

$$Q = \begin{bmatrix} 1 & a_{1(1)} & \cdots & a_{4(1)} & g_{1(1)} & g_{2(1)} & e_{1(1)} & e_{2(1)} & t_{1(1)} & t_{4(1)} \\ 1 & a_{1(2)} & \cdots & a_{4(2)} & g_{1(2)} & g_{2(2)} & e_{1(2)} & e_{2(2)} & t_{1(2)} & t_{4(2)} \\ 1 & a_{1(3)} & \cdots & a_{4(3)} & g_{1(3)} & g_{2(3)} & e_{1(3)} & e_{2(3)} & t_{1(3)} & t_{4(3)} \\ 1 & a_{1(4)} & \cdots & a_{4(4)} & g_{1(4)} & g_{2(4)} & e_{1(4)} & e_{2(4)} & t_{1(4)} & t_{4(4)} \\ 1 & a_{1(5)} & \cdots & a_{4(5)} & g_{1(5)} & g_{2(5)} & e_{1(5)} & e_{2(5)} & t_{1(5)} & t_{4(5)} \\ \vdots & & & & & & & & & \vdots \\ 1 & a_{1(230)} & \cdots & a_{4(230)} & g_{1(230)} & g_{2(230)} & e_{1(230)} & e_{2(230)} & t_{1(230)} & t_{4(230)} \\ 1 & a_{1(231)} & \cdots & a_{4(231)} & g_{1(231)} & g_{2(231)} & e_{1(231)} & e_{2(231)} & t_{1(231)} & t_{4(231)} \\ 1 & a_{1(232)} & \cdots & a_{4(232)} & g_{1(232)} & g_{2(232)} & e_{1(232)} & e_{2(232)} & t_{1(232)} & t_{4(232)} \\ 1 & a_{1(233)} & \cdots & a_{4(233)} & g_{1(233)} & g_{2(233)} & e_{1(233)} & e_{2(233)} & t_{1(233)} & t_{4(233)} \\ 1 & a_{1(234)} & \cdots & a_{4(234)} & g_{1(234)} & g_{2(234)} & e_{1(234)} & e_{2(234)} & t_{1(234)} & t_{4(234)} \end{bmatrix}$$

(3.23)

$$x = \begin{bmatrix} Ln(C) \\ A_1 \\ A_2 \\ A_3 \\ A_4 \\ M \\ F \\ G \\ nG \\ T_1 \\ T_2 \\ T_3 \\ T_4 \end{bmatrix}$$

(3.24)

$$b = \begin{bmatrix} Ln(R_1) \\ Ln(R_2) \\ \vdots \\ Ln(R_{233}) \\ Ln(R_{234}) \end{bmatrix}$$

(3.25)

Onde

$$\mathsf{R}_i = eSMsubj(F_i)/Sentimeter\_Br(F_i) \qquad (3.26)$$

O R_i é a relação entre $eSMsubj(F_i)$ e a métrica Sentimeter-Br calculada da frase i, i varia de 1 a 234. $eSMsubj$ foi definida por meio dos testes subjetivos, nas quais as frases tiveram sua intensidade de sentimentos definida pelos avaliadores.

Para resolver esse sistema de equações foi usado o método de mínimos quadrados, chamado pseudo-inversa.

$$\mathsf{x} = (\mathsf{Q}^T Q)^{-1} Q^T b \qquad (3.27)$$

Por fim, os valores da constante C e todos os fatores de peso, representada pela matriz x foram obtidos.

A Tabela 3.11 mostra as divisões, tipos e quantidade dos parâmetros utilizados nos testes. A métrica eSM demonstra por meio dos testes experimentais que entre as faixas etárias A_1, A_2, A_3, A_4 os pesos que são um pouco mais altos são para as faixas A_3 e A_4; entre os gêneros o peso M para os homens possui um valor um pouco maior comparado às mulheres; entre os pesos de nível de escolaridade o peso nG para os não graduados é maior e entre os temas T_1, T_2, T_3 e T_4, o T_4 é o que possui maior peso, portanto são os que mais afetam o valor total da métrica eSM, conforme demonstrado na Tabela 3.11.

Tabela 3.11: Parâmetros, tipos e quantidade que foram extraídos dos testes aplicados aos Usuários

Parâmetro	Tipos	Quantidade	Peso calculado
gênero			
M	homem	42 indivíduos	-5,10
F	mulher	39 indivíduos	-5,39
idade (faixas)			
A_1	13 a 21 anos	22 indivíduos	-3,59
A_2	22 a 29 anos	24 indivíduos	-3,51
A_3	30 a 49 anos	19 indivíduos	-3,43
A_4	50 a 65 anos	16 indivíduos	-3,20
nível educacional			
nG	não graduado	32 indivíduos	0,36
G	graduado	49 indivíduos	0,43
temas			
T_1	tecnologia	60 indivíduos	-1,39
T_2	música	62 indivíduos	-1,36
T_3	beleza	57 indivíduos	-1,35
T_4	negócios	55 indivíduos	-1,11

A Tabela 3.12 apresenta os valores médios de eSM que variam de acordo com o gênero, faixa etária e nível de graduação para uma mesma frase: "Esta música é boa!" e um mesmo valor de Sentimeter-Br.

Tabela 3.12: Valores médios de sentimento eSM que variam de acordo com o gênero, faixa etária e nível de graduação para uma mesma frase

Sentimeter-Br	Frase	Faixa de idade	Gênero	Nível de escolaridade	Tema	eSM
3,0	Esta música é boa!	A_1	F	nG	T_2	2,6
3,0	Esta música é boa!	A_1	M	nG	T_2	3,1
3,0	Esta música é boa!	A_2	F	nG	T_2	2,8
3,0	Esta música é boa!	A_2	F	G	T_2	3,1
3,0	Esta música é boa!	A_2	M	nG	T_2	3,2
3,0	Esta música é boa!	A_2	M	G	T_2	3,6
3,0	Esta música é boa!	A_3	F	G	T_2	3,3
3,0	Esta música é boa!	A_3	M	G	T_2	3,8
3,0	Esta música é boa!	A_4	F	G	T_2	3,9
3,0	Esta música é boa!	A_4	M	G	T_2	4,2

A Tabela 3.12 mostra que para um mesmo valor de Sentimeter-Br o eSM possui uma variação significante dependendo das características da pessoa que postou a frase.

O uso de fatores de correção é útil nas faixas etárias A_3 e A_4 que pelo fato dos pesos obtidos na Tabela 3.11 serem um pouco maiores para estas duas faixas etárias então o valor final de sentimentos obtido pela métrica eSM é maior para a faixa A_3 e A_4 comparado com os sentimentos obtidos para as faixas etárias A_1 e A_2, conforme mostra a Tabela 3.12 que apresenta os valores médios de sentimentos para uma mesma frase. Da mesma forma que as faixas etárias A_3 e A_4, os homens também se expressam comumente com uma intensidade de sentimento mais moderada, porém querendo transmitir um sentimento de maior intensidade, portanto o fator de correção corrige o sentimento para homens (M) aumentando o valor do sentimento final obtido por eSM.

Os fatores de correção também auxiliam na investigação de certos temas que usam poucos adjetivos e verbos que expressam sentimentalismo, com frases mais neutras e tem seu valor de intensidade de sentimento corrigido. O nível de escolaridade também influencia um pouco os resultados de sentimento; pessoas graduadas tendem a ser mais discretas no uso de adjetivos e verbos mais expressivos.

3.4.3 Cenário de Teste e Aplicação para a métrica eSM

Nesta seção, as metodologias usadas nos testes subjetivos presenciais e remotos serão apresentadas. Os testes presenciais foram feitos em um ambiente de laboratório e os resultados do modelo matemático da métrica proposta, eSM, foram gerados pelos testes presenciais. Em uma segunda fase, usuários remotos validaram os testes, utilizando a metodologia de *crowdsourcing* pela Internet.

3.4.3.1 Testes Presenciais

Em uma primeira fase, testes foram conduzidos em laboratório com pessoas que responderam ao questionário com o objetivo de estudar se a análise de sentimento pode ser melhorada por meio do grupo do usuário. Os testes foram realizados individualmente, de modo que uma pessoa não influenciou nas respostas da outra pessoa.

Os indivíduos, com faixa etária de 16 a 65 anos de idade, foram escolhidos neste trabalho, porque a maioria dos consumidores brasileiros fazem parte desta faixa etária (CHARLEYNE; CASTRO, 2012), (SANTOS, 2011).

Pessoas, nos testes presenciais e remotos, responderam a perguntas, cujas respostas foram usadas para se obter os parâmetros da Tabela 3.11 com idade, gênero, nível de escolaridade e essas pessoas escreveram exemplos de frases, de polaridade positiva e negativa sobre cada tema (T_1, T_2, T_3 e T_4), onde as mesmas pessoas classificaram cada frase com uma escala de -5 a +5, conforme uma escala de um intervalo de 0,1, pois a escala contínua é amplamente utilizada em questionários, como no trabalho de Hands (2004) que funciona para representar com maior precisão (ALBAUM; BEST; HAWKINS, 1981) o retorno do usuário em relação a um tema; usuários escolhem um valor na escala de classificação para melhor representar o seu sentimento em relação às frases.

Os temas das frases (T_1, T_2, T_3 e T_4) foram escolhidos de acordo com as áreas de maior potencial para as vendas no mercado do Brasil (SANTOS, 2011) e por serem muito discutidas na Internet.

3.4.3.2 Testes Remotos por Crowdsourcing

Em uma segunda fase de testes, com o propósito de validar a métrica eSM, o método de questionários remotos, via *crowdsoucing* foi escolhido para alcançar um maior número de pessoas para analisar as frases classificadas pela métrica proposta.

A técnica de *crowdsourcing* tem sido utilizada para diversas aplicações relacionadas com avaliações subjetivas, onde uma tarefa é disseminada aos usuários, que recebem um incentivo financeiro para efetuar uma tarefa; o pagamento é efetuado se perguntas de validação que o usuário tem que responder possuem uma

59

lógica e garante que o avaliador leu todas as instruções e fez o teste corretamente.

Os testes subjetivos remoto foram feitos usando o portal Microworkers[1] usando participantes brasileiros, com fluência em Português. O participante acessa o Microworker e é disponibilizado um *site* com as perguntas a serem respondidas.

Figura 3.6: Interface disponível aos usuários remotos para responder às questões.

A Figura 3.6 apresenta o site que os participantes acessam e respondem às perguntas sobre análise de sentimento, contendo questões sobre as características do avaliador e frases para serem avaliadas, para comprovar os resultados dos testes presenciais. 150 participantes remotos responderam às perguntas e classificaram as frases.

3.4.4 Resultados de análise de sentimentos com o eSM

Em primeiro lugar, testes preliminares foram realizados com 13 pessoas para observar as diferenças entre as pontuações de sentimento atribuídas pela pessoa que escreveu a frase e a pontuação pela métrica eSM, posteriormente os experimentos foram estendidos para mais 47 pessoas. Os testes preliminares tiveram como objetivo estudar que características da pessoa poderiam influenciar a intensidade de sentimentos de uma frase.

[1]www.microworkers.com

A pessoa preencheu as suas características com idade, gênero, nível de escolaridade e uma frase de polaridade positiva para cada tema com suas respectivas intensidade de sentimento. Para simplificar, usamos a sigla M para o homem e F para a mulher, G para graduados e nG para não graduados, como mostra alguns exemplos na Tabela 3.11, mostrando o valor obtido pelo Sentimeter-Br e o eSM.

Para uma melhor compreensão de como os resultados foram analisados, a Tabela 3.13 mostra quatro exemplos de frases escritas pela pessoa que participou do teste e a classificação da intensidade de sentimento, na qual a eSM é mais correlacionada com a classificação do usuário do que a métrica Sentimeter-Br.

Por meio dos resultados obtidos, mostrado na Tabela 3.13, o desempenho de eSM foi melhor do que Sentimeter-Br devido à utilização do grupo de usuário. Alguns exemplos de frases podem ser observados, como a primeira frase da Tabela 3.13 com o tema de negócios (T_4) e a segunda frase escrita por um homem de faixa etária A_4, de 52 anos. A Tabela 3.13 mostra a pontuação dada pelo usuário, a pontuação do Sentimeter-Br obtida com a Equação 3.19 e o eSM é obtido pela Equação 3.20.

Tabela 3.13: Resultados de alguns exemplos de sentimentos obtidos por Sentimeter-Br e eSM

Grupo	Frase	Pontuação do usuário	Sentimeter-Br	eSM
18/M/nG/T_4	Os negócios do meu pai vão bem	3,0	2,1	2,8
52/M/G/T_2	Gosto de escutar música quando chego em casa	4,0	3,1	3,9
25/F/G/T_3	Gosto muito de ler blogs sobre moda	4,0	3,5	4,1
19/F/nG/T_2	Amo muito escutar música pelo celular	4,0	5,1	4,5

O coeficiente de correlação de Pearson e os erros máximos obtidos pelo eSM e Sentimeter-Br são apresentados na Tabela 3.14.

O modelo exponencial apresentou resultados confiáveis, com um erro máximo obtido de 0,36 na escala de sentimento variando de -5 até +5.

Tabela 3.14: Desempenho das métricas eSM e Sentimeter-Br em relação aos testes subjetivos presenciais

	eSM	Sentimeter-Br
coeficiente Pearson.	0,95	0,88
Erro máximo	0,35	0,41

Os resultados mostram a percentagem de frases corretamente classificadas com o software de aprendizado de máquina, o Sentimeter-Br e a métrica eSM, como pode ser visto na Tabela 3.15.

Tabela 3.15: Instâncias Classificadas Corretamente (%) por aprendizagem de máquina, Sentimeter-Br e eSM

	J48	Naïve Bayes	Bayes Multin.	SMO	Sentimeter-Br	eSM
unigramas	66,33	65,13	64,02	59,75	56,88	61,90
n-gramas	71,30	68,45	69,52	73,11	80,53	87,61

A Tabela 3.15 mostra também a comparação entre os resultados obtidos pelos algoritmos de aprendizagem de máquina (J48, Naive Bayes, Bayes Multinomial e SMO), a métrica proposta Sentimeter-Br e eSM das 3000 frases obtidas inicialmente mais as 234 frases utilizadas nos testes do eSM. No caso do Sentimeter-Br foi considerado o uso somente de unigramas e o uso de n-gramas, e o eSM foi calculado conforme os valores de Sentimeter-Br obtido, ou seja, considerando unigramas e posteriormente n-gramas.

A Figura 3.7 mostra os tempos de execução em segundos da métrica de cálculo de sentimentos eSM, Sentimeter-Br e dos algoritmos J48, Naive Bayes e SMO.

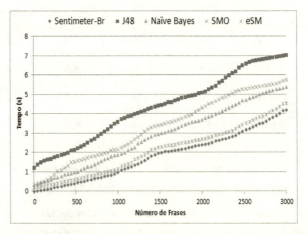

Figura 3.7: Desempenho dos algoritmos para análise de sentimentos

Na Figura 3.7 não se considerou o tempo para treinamento de 3000 frases modelos de intensidade positiva, negativa e neutra que usam os algoritmos J48, Naive Bayes e SMO. Os resultados mostram que a métrica eSM possui um desempenho em tempo de execução bem próximo da métrica Sentimeter-Br quando

comparada com os demais algoritmos e ambas as métricas de sentimento conso-
mem um tempo menor quando comparadas aos demais algoritmos.

O valor absoluto da diferença entre o valor real de sentimento (SR) e o valor
de sentimento obtido pelo Sentimeter-Br (SM) foi encontrado; o SR é obtido para
a frase de 1 a n, sentimento real este gerado pela pessoa que escreveu a frase.
O erro médio e erro máximo foram calculados para cada grupo, por exemplo, um
grupo de homens (M), de faixa etária de A4 e graduados (G). O mesmo foi feito
com o eSM, calculando a diferença entre o SR_1 e o eSM_1 da frase F_1; SR_2 e o
eSM_2 da frase F_2, e assim por diante; depois o erro médio e o erro máximo foram
calculados, conforme equações abaixo.

Erro máximo (SM) $= |maximo[abs(SR_1 - SM_1), abs(SR_2 - SM_2), abs(SR_n - SM_n)]|$

$$(3.28)$$

Erro máximo (eSM) $= |maximo[abs(SR_1 - eSM_1), abs(SR_2 - eSM_2), abs(SR_n - eSM_n)]|$

$$(3.29)$$

Erro médio(SM) $= \sum_{i=1}^{n}(abs(SR_1 - SM_1) + abs(SR_2 - SM_2) + ...abs(SR_n - SM_n))/n$

$$(3.30)$$

Erro médio(eSM) $= \sum_{i=1}^{n}(abs(SR_1 - eSM_1) + abs(SR_2 - eSM_2) + ...abs(SR_n - eSM_n))/n$

$$(3.31)$$

O erro médio percentual (% E) do valor absoluto da diferença entre a média de
erro de SM_n e eSM_n para o sentimento que é avaliado conforme uma escala de
5 pontos, variando de 0 a 5 (positivo ou negativo) de uma frase n é representado
por:

%E $= abs((erro\ médio(SM_n) - erro\ médio(eSM_n))/5)$ $\qquad$ (3.32)

Os resultados mostram que o grupo formado por homens, graduados, faixa
etária A_4 e incluindo todos os temas (M-G-A_4), e o grupo de homens, graduados,
faixa de idade A_4 tema T_4 tem alto %E, concluindo que a métrica de sentimento

das frases do grupo (M-G-A_4-T_4) e (M-G-A_4) precisam considerar fatores de grupo para melhorar a intensidade de sentimento, caso contrário, um alto valor de E% é obtido. Este estudo destaca a importância de se obter valores para cada grupo específico, pois as métricas convencionais de sentimentos não possuem uma variação dependendo do grupo do usuário.

Os resultados do erro médio percentual (% E), erro máximo e erro médio do grupo de SM e eSM de alguns grupos são apresentados na Tabela 3.16 que mostra uma diminuição nos valores de erros máximos e o erro médio considerando os fatores de grupo do usuário, que é a métrica eSM. Portanto, dependendo do grupo do usuário uma frase tem uma pontuação mais positiva ou não por meio da métrica eSM.

Tabela 3.16: Performance de eSM e Sentimeter-Br sobre alguns grupos

	erro máx. (Sentimeter-Br)	erro médio (Sentimeter-Br)	erro máx. (eSM)	erro médio (eSM)	%E
M-G-A_4	1,5	1,1	0,6	0,2	19
todos A_4	1,4	0,9	0,9	0,4	9
M-nG-A_1	1	0,4	0,6	0,3	0,45
F-nG-A_1	0,8	0,5	0,3	0,1	8
todos T_4	1,5	0,8	1,1	0,3	10
M-G-A_4-T_4	1,5	1,2	0,6	0,3	17
F-G-A_4	1,4	0,9	0,9	0,4	9

O eSM foi modelado com os resultados de testes presenciais, considerando 234 frases. A fim de analisar o desempenho do eSM, teste adicionais foram conduzidos. Estes testes foram realizados utilizando o método de *crowdsourcing*, do qual 150 usuários remotos participaram. Cada usuário preencheu o seu grupo e avaliou quatro frases, uma frase para cada tema classificando cada frase com um valor de sentimento. O número total de frases analisadas foi de 600.

3.5 Conclusões

Através do estudo pode-se concluir que a métrica Sentimeter-Br apresentou resultados superiores em comparação com a técnica de aprendizado de máquina, obtendo 79,48% de frases corretamente classificadas pelo método de testes subjetivos, em relação às 3000 frases extraídas da rede social.

A métrica eSM foi melhorada através do fator de correção, comparando os resultados com a métrica Sentimeter-Br e comparando com os resultados obtidos com a aprendizagem de máquina.

O eSM destacou que os sentimentos de frases de determinados perfis divergem do valor de sentimentos obtidos de métricas tradicionais de sentimento.

As características do usuário devem ser consideradas na análise de sentimentos, uma vez que podem auxiliar em análises mais verdadeiras nos casos das frases serem expressas por homens, faixas etárias A_3 e A_4, graduados e temas como negócios.

4 Proposta de um sistema de análise afetiva considerando emoções

A análise de sentimentos é um estudo relevante no momento de calcular se uma frase possui uma intensidade positiva ou negativa de sentimentos, porém muitas frases podem apresentar uma intensidade de sentimentos negativos, mas representando diferentes emoções como raiva ou tristeza, por exemplo. Neste momento, a análise de sentimentos se torna limitada e não consegue distinguir entre duas emoções de sentimentos negativos com significados totalmente diferentes. A análise afetiva tem como objetivo distinguir os diferentes tipos de emoções desde que existam expressões de emoções no texto ou frase a serem analisados.

Nesse capítulo serão abordados os principais tópicos da análise afetiva proposta, que denominamos de *Brazillian Affective Metric* (AFM-Br), um método híbrido que associa o eSM com o método de análise afetiva que considera emoções.

Serão abordados aspectos de como a métrica AFM-Br foi modelada, implementada e validada.

4.1 Requisitos para o desenvolvimento do AFM-Br

A seguir são apresentados os requisitos para a análise afetiva AFM-Br.

4.1.0.1 Aquisição de frases das redes sociais

A aquisição de frases das redes sociais deve ser feita conforme o sistema requisite, ou seja, programado, como por exemplo, para recomendar um produto ou evento em uma hora do dia. As frases a serem extraídas devem possuir um tempo de postagem recente, a fim de representarem os sentimentos do estado presente (atual) da pessoa.

4.1.0.2 Aquisição do perfil de um usuário das redes sociais

A extração de características de uma pessoa (gênero, idade e escolaridade) deve ser feita. Caso os dados não estejam disponíveis, há a possibilidade de utilizar históricos ou o contexto das frases para efetuar a classificação das características da pessoa.

4.1.0.3 Determinação da polaridade da frase conforme o eSM

Por meio da frase extraída e das características da pessoa, o eSM deve determinar o valor de sentimento e polaridade de uma frase para futura associação com a análise afetiva da mesma frase.

4.1.0.4 Determinação do valor de afetividade final da frase

Determinar o valor de afetividade da frase extraída da Internet, segundo as emoções: alegria, tristeza, raiva, nojo ou surpresa por meio da aprendizagem de máquina. Essas emoções são associadas ao eSM, determinando a intensidade de sentimentos expressa na frase.

4.1.0.5 Consolidação dos valores de intensidade de sentimentos e emoções

Por meio dos testes subjetivos, os resultados de sentimento final, polaridade e a emoção da frase devem ser consolidadas, cujos resultados servirão para várias aplicações, como um sistema de recomendação interligado aos sentimentos e às emoções obtidos, no qual dependendo do valor obtido, um determinado conteúdo é recomendado.

4.2 Associação de sentimentos e emoções por meio de testes subjetivos presenciais

As emoções mais usadas em diversos estudos são as que expressam alegria, tristeza, raiva, calma, nojo e surpresa, que são baseadas no modelo circumplexo de emoção de Russell (1980), Figura 4.1, com dimensões de excitação e de valência. A excitação quando aumentada tende a provocar um estado de ativação dos mecanismos neurais e cognitivos; a falta de atenção justamente expressa um baixo nível de excitação. Emoções como a alegria pode despertar a ação motora do usuário para bater palmas e dançar, quando relacionadas ao cenário musical, porém quando a excitação é muito alta, emoções como a raiva são despertadas, com um descontrole das ações cognitivas. A valência pode medir o grau de satisfação ou insatisfação da pessoa sobre um determinado assunto.

Figura 4.1: Gráfico de emoções de excitação e valência contendo emoções de alegria, tristeza, raiva, calma, nojo e surpresa.

Algumas frases não possuem expressões que denotam explicitamente uma emoção, neste caso somente a análise de sentimentos é extremamente útil, porém quando existem nas frases palavras que denotam uma determinada emoção é relevante que sejam consideradas.

Nos testes subjetivos presenciais foram utilizadas frases contendo expressões que denotam emoções de felicidade ou alegria, tristeza, irritação, calma, nojo e surpresa. Os testes foram feitos em laboratório; os participantes responderam às perguntas sobre qual emoção representava cada expressão contida nas frases apresentada a eles. As frases extraídas de redes sociais de usuários aleatórios com e sem expressões de emoções foram avaliadas por 120 participantes presenciais; no qual cada usuário escolheu um respectivo valor afetivo (alegria, tristeza, raiva, nojo e surpresa) para cada expressão contida nas frases, caso a frase possuísse expressões de afetividade. Os participantes também tiveram que responder perguntas sobre a sua idade, escolaridade, gênero e avaliaram a intensidade de sentimento, considerando e não considerando a expressão de emoção, em uma escala de -5 a +5 com variação de 0,1, polaridade (positiva, negativa ou nula) e a emoção final das frases.

Um exemplo de avaliação de uma frase é mostrado a seguir:

1. frase: "Meu vizinho odiou meu novo cachorro ... kkk".

   - gênero do avaliador: masculino; idade: 24 anos, escolaridade: graduado.

- kkk : expressão de alegria.

- intensidade de sentimento da frase sem considerar a expressão afetiva (caso a frase contenha uma emoção): -3,5.

- intensidade de sentimento da frase considerando a expressão afetiva (caso a frase contenha uma emoção): + 3,5.

- polaridade final da frase com expressão afetiva: positiva.

Os gêneros dos avaliadores, homens e mulheres, tiveram uma participação de 45% de mulheres e 55% de homens na tarefa do questionário.

Por meio dos testes presenciais foram obtidas as regras de associação de sentimentos, polaridade e emoções, conforme Figura 4.2.

As frases com expressões positivas, mesmo que possuam termos de sentimento negativo, tendem a um sentimento final positivo. Expressões de emoção positiva influenciam uma frase de intensidade de sentimento negativo e expressões de tristeza influenciam uma frase de intensidade de sentimento positivo. Por meio dos resultados o sentimento final, polaridade final e respectiva emoção (felicidade, tristeza, raiva, nojo e surpresa) da frase são obtidas.

A análise de sentimentos não identifica a diferença entre a emoção de raiva e tristeza, porque ambas possuem intensidade de sentimentos negativa, somente a análise afetiva consegue identificar a diferença entre as emoções.

4.3 Etapas para obtenção do AFM-Br

Os passos para obtenção da intensidade de sentimentos, polaridade e emoção pelo AFM-Br são descritos a seguir:

- extração de frases dos microblogs ou rede social;

- extração de características da pessoa que postou uma frase no micro-blog ou rede social;

- cálculo da intensidade de sentimento da frase pela métrica eSM e descoberta de polaridade positiva, neutra ou negativa e armazenagem em uma base de dados;

- classificação de uma das emoções (alegria, tristeza, raiva, nojo ou surpresa) ou mesmo a classificação de nenhuma emoção das frases pelo método de aprendizagem de máquina;

```
X = sentimento(F);   // Sendo F uma frase, e X o sentimento correspondente

Se ( X < 0   E emocao = felicidade)
   ENTÃO  X -> - X ;      emocao = felicidade;   polaridade = positiva;

Se ( X < 0   E emocao = tristeza )
   ENTÃO  X -> + X ;      emocao = tristeza;   polaridade = negativa;

Se ( X < 0   E (emocao = surpresa ))
   ENTÃO  X -> + X ;      emocao = surpresa;   polaridade = negativa;

 Se ( X < 0   E (emocao = nojo))
   ENTÃO  X -> + X ;      emocao = nojo;   polaridade = negativa;

Se ( X < 0   E emocao = raiva )
   ENTÃO  X -> + X ;      emocao = raiva;   polaridade = negativa;

Se ( X > 0   E (emocao = felicidade))
   ENTÃO   X -> + X ;     emocao = felicidade;   polaridade = positiva;

Se ( X > 0   E (emocao = tristeza))
   ENTÃO   X -> - X ;     emocao = tristeza;   polaridade = negativa;

Se ( X > 0   E (emocao = surpresa ))
   ENTÃO   X -> + X ;     emocao = surpresa;   polaridade = positiva;

Se ( X > 0   E (emocao = nojo))
   ENTÃO   X -> + X ;     emocao = nojo;   polaridade = positiva;

Se ( X > 0   E emocao = raiva )
   ENTÃO   X -> - X ;     emocao = raiva;   polaridade = negativa;

Se ( X==0   E (emocao = felicidade))
   ENTÃO   X ->0 ;   emocao = felicidade;   polaridade = positiva;

Se ( X==0   E (emocao = tristeza))
   ENTÃO   X ->0 ;   emocao = tristeza;   polaridade = negativa;

Se ( X==0   E (emocao = surpresa ))
   ENTÃO   X ->0 ;   emocao = surpresa;   polaridade = neutra;

Se ( X==0   E (emocao = nojo))
   ENTÃO   X ->0 ;   emocao = nojo;   polaridade = neutra;

Se ( X==0   E emocao = raiva )
   ENTÃO   X ->0 ;   emocao = raiva;   polaridade = negativa;
```

Figura 4.2: Pseudo-algoritmo de obtenção do sentimento final e da emoção da frase

- associação dos valores de eSM com a emoção encontrada da frase pela aprendizagem de máquina conforme regra obtida pelos testes subjetivos; aplicação das regras de associação para consolidação dos valores de sentimentos, polaridade e afetividade da frase. As regras de associação para obtenção de sentimentos e emoções extraídas das frases da Internet foram obtidas pelos testes subjetivos presenciais.

A obtenção do sentimento final de uma frase engloba os passos mostrados na Figura 4.3.

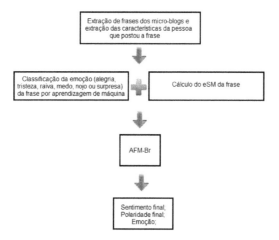

Figura 4.3: Etapas da obtenção da emoção final da frase

4.3.1   Classificação das emoções por aprendizagem de máquina

A aprendizagem de máquina é implementada por meio do *software* Weka; as expressões que representam emoções nas frases coletadas da rede social foram classificadas pelo método do teste presencial em laboratório citado anteriormente, cujas expressões foram utilizadas no arquivo de treinamento da aprendizagem de máquina, com expressões e respectivos valores de afetividade.

Exemplos de algumas expressões de emoção são apresentados na Tabela 4.1.

Tabela 4.1: Expressões e respectivo valor de afetividade.

Expressão	valor de afetividade (emoção)
rsrs, jeje, kkk, oba, eba	felicidade
ohhhh, oh, ôôô, ó, ah, ixi, nossa	surpresa
buaaa, buáá, buá, snif, putz	tristeza
rrrr, argh, grrr	raiva
ecaa, aff	nojo

Além das expressões apresentadas na Tabela 4.1 outras expressões, tais como "que inferno", "ora bolas" e outras expressões foram incluídos nos exemplos da aprendizagem de máquina. Nos casos em que uma frase possui mais de uma emoção, como raiva e tristeza, a emoção da frase é classificada com o maior número de expressões que ela tiver de uma determinada emoção.

O arquivo modelo a ser utilizado no *software* de aprendizagem de máquina deve apresentar a estrutura mostrada na Figura 4.4, com a frase e sua classificação de emoção:

```
@relation classificacao-emocao

@attribute frase string
@attribute class {alegria, tristeza, raiva,
nojo, surpresa, nenhum}

@data

'Você é demais..kkk',alegria
'Um dia eu chego lá',nenhum
'Ele conseguiu me vencer, buá',tristeza
```

Figura 4.4: Arquivo .arff a ser utilizado na aprendizagem de máquina

O tipo "attribute" define o nome do atributo declarado e seu respectivo tipo de dados que pode ser numérico, string, data e um tipo definido (*nominal-specification*). O tipo "string" é muito usado na mineração de texto, com o uso de filtros para manipular *strings* (*StringToWordVector*). Na Figura 4.4 o atributo *class* é um atributo do tipo "nominal-specification", que pode ter os valores pré-definidos de alegria, tristeza, raiva, nojo, surpresa ou nenhum.

A declaração @data é a linha que indica o início dos dados no arquivo, seguido dos valores de atributos, as frases modelos e as suas respectivas classificações de emoção da frase; cada linha apresenta um novo modelo de frase classificada.

Os algoritmos de aprendizagem de máquina utilizados neste trabalho são Árvore de Decisão (J48), Naive Bayes, Naive Bayes Multinomial e Otimização Mínima Sequencial; testes preliminares foram feitos com demais algoritmos e a classificação de afetividade apresentou melhores resultados com os algoritmos já citados.

3000 frases foram extraídas da rede social, Twitter, as quais são classificadas pelos testes subjetivos nas categorias: alegria, tristeza, raiva, nojo, surpresa e nenhuma. Estas frases foram utilizadas como modelo de treinamento para os algoritmos de aprendizagem de máquina.

Posteriormente à fase da aprendizagem de máquina, mais 3000 frases foram extraídas do Twitter e analisadas pelo dicionário Sentimeter-Br, e posteriormente por meio do perfil do usuário foi calculado o eSM.

A emoção de "surpresa" pode ter valores positivos ou negativos, mas a intensidade de sentimento calculada pelo eSM auxiliou na identificação da polaridade da emoção da frase.

4.4 Validação da análise afetiva com o AFM-Br

A seguir são mostrados os resultados de classificação da emoção das frases coletadas da rede social. Na validação, foram utilizados os testes subjetivos remotos.

4.4.1 Resultados por aprendizagem de máquina

A Tabela 4.2 mostra os resultados da classificação das 3000 frases coletadas da rede social.

Resultados da medida F, uma medida de desempenho que combina as métricas de precisão e de abrangência para cada tarefa, são mostrados na Tabela 4.2, representando o resultado da emoção classificada pela aprendizagem de máquina. Foram utilizados os algoritmos de árvore de decisão J48, o Naive Bayes, o Naive Bayes Multinomial e o de Otimização Mínima Sequencial (SMO).

Tabela 4.2: Resultados da medida F para a classificação da análise afetiva.

Algoritmo	Alegria	Tristeza	Raiva	Nojo	Surpresa	Nenhuma
Árvore de decisão	0,81	0,89	0,83	0,77	0,71	0,86
Naive Bayes	0,80	0,87	0,80	0,76	0,73	0,83
Naive Bayes Multinomial	0,84	0,87	0,81	0,79	0,74	0,88
SMO	0,93	0,96	0,93	0,89	0,84	0,95

A medida F próxima de 1 significa que há uma boa quantidade de modelos para a classificação de novos dados. Os melhores resultados foram obtidos com o algoritmo SMO.

A aprendizagem de máquina é uma fase importante para obtenção do AFM-Br, que por meio dos resultados da Tabela 4.2 passa a usar o algoritmo SMO para uma classificação automática para obtenção dos resultados de intensidade de sentimento, polaridade e emoção.

4.4.2 Testes Remotos por Crowdsourcing

As respostas de questionários obtidos pelo método de *crowdsourcing* foram importantes para a validação do AFM-Br.

Os testes subjetivos remotos foram feitos por meio do portal *Microworkers* com participantes brasileiros, com fluência em Português. Os participantes acessaram o portal e um endereço de *website* foi apresentado a eles com perguntas sobre qual polaridade de sentimento correspondia a cada frase.

3000 frases adicionais foram extraídas da rede social e tiveram sua intensidade de sentimento pontuada pelo AFM-Br. As mesmas frases foram avaliadas por 150 participantes remotos. Cada usuário avaliou 20 frases.

A Tabela 4.3 mostra os resultados da avaliação de sentimentos de 3000 frases pelo AFM-Br e pelos avaliadores remotos. Os valores do AFM-Br são bem próximos em relação aos testes subjetivos.

Tabela 4.3: Resultados da avaliação dos sentimentos das frases pelo teste subjetivo remoto e AFM-Br.

Intensidade de sentimento final	Emoção	Polaridade	AFM-Br	Teste subjetivo remoto
+5 a +0,1	felicidade	positiva	498/504	504
+5 a +0,1	surpresa	positiva	89/93	93
+5 a +0,1	nojo	positiva	62/67	67
+5 a +0,1	nenhuma	positiva	258/360	360
-5 a -0,1	tristeza	negativa	668/671	671
-5 a -0,1	surpresa	negativa	62/66	66
-5 a -0,1	nojo	negativa	60/65	65
-5 a -0,1	raiva	negativa	359/366	366
-5 a -0,1	nenhuma	negativa	209/212	212
0	felicidade	positiva	89/94	94
0	tristeza	negativa	269/273	273
0	surpresa	neutra	65/68	68
0	nojo	neutra	52/57	57
0	raiva	negativa	61/65	65
0	nenhuma	neutra	36/39	39

Considerando os resultados obtidos pelo teste remoto como referência, ou seja, se 504 frases são avaliadas pelo teste subjetivo como sendo de intensidade de sentimentos e polaridade positiva e classificadas como de emoção de felicidade, então essas frases são consideradas como referência de classificação para serem comparadas com os resultados obtidos pelo AFM-Br.

Os resultados obtidos pelo teste remoto são bem próximos aos obtidos pelo

AFM-Br, sendo que das 3000 frases avaliadas pelo AFM-Br somente 163 frases foram classificadas erroneamente.

4.5 Conclusões

Os estudos aqui presentes mostram a vantagem de considerar não somente a análise de sentimentos como também as expressões que indicam determinadas emoções. Uma frase de sentimentos negativos pode ter seu valor de sentimento alterado somente por causa de uma expressão de felicidade, por exemplo.

O estudo mostra, portanto a necessidade de considerar tanto a polaridade de uma frase como também analisar as expressões de felicidade, tristeza, raiva, surpresa ou nojo. Uma frase com sentido negativo pode representar tanto a emoção de tristeza como a emoção de raiva e extrair somente a intensidade de sentimento não define qual das 2 emoções são expressas na frase.

A aprendizagem de máquina apresentou bons resultados na classificação das emoções e servirá para encontrar as emoções do método AFM-Br. O método AFM-Br também apresenta bons resultados, aperfeiçoando a análise de sentimentos por meio da análise afetiva.

5 Estudo de Caso

Neste capítulo é abordado um estudo de caso sobre um sistema de recomendação de músicas, no qual foram aplicadas as métricas eSM e AFM-Br.

Na aplicação das métricas propostas, inicialmente calcula-se a intensidade de sentimento da frase pelo Sentimeter-Br, um fator de correção deve ser aplicado na intensidade de sentimento, de acordo com o perfil do usuário da rede social e por fim a polaridade e a emoção da frase são encontradas por meio do AFM-Br.

Testes subjetivos foram realizados em duas fases; na primeira fase, em um ambiente de laboratório para coleta de informações de perfil e de preferência musical. Na segunda fase, um método subjetivo remoto foi usado para validar a solução final.

5.1 Estudos iniciais usando testes subjetivos em ambiente de laboratório

Os estudos foram realizados por 200 avaliadores; cada participante preencheu um questionário com o seu perfil. Além disso, uma questão sobre qual gênero musical o avaliador preferiria com base em seu estado emocional (triste, feliz e raiva) atual; a pessoa escolheu uma ou duas opções de gênero musical.

Posteriormente, a pessoa postou frases na rede social, as quais foram capturadas por uma rotina de programação. Depois, essas frases foram analisadas por ambos, a mesma pessoa que postou as frases e pelas métricas eSM e AFM-Br. A pessoa avaliou cada frase em uma escala sentimento de +5 a -5, com intervalo de 0,1, na primeira fase de testes.

Os avaliadores foram monitorados com o propósito de capturar todas as frases que escreviam na rede social a cada hora durante um período de teste de três semanas. Após o primeiro dia, os testes foram realizados à distância, porque as pessoas não estavam disponíveis para aparecerem no laboratório durante várias horas durante o período de teste. O nome dos usuários da rede social, Facebook, já era conhecido e a rotina de programação capturava as frases do usuário automaticamente. No final de 3 semanas, todas as frases capturadas foram analisadas tanto pelas métricas de sentimento e pelo avaliador que postou as frases.

No total, 19.600 frases foram extraídas da rede social e avaliadas. Entre os 19.600, apenas 652 frases foram descartadas por serem consideradas *spam*.

Relatórios de atividade foram coletados para estudar as rotinas diárias dos usuários. Nos experimentos, observou-se que cada usuário tinha um período de tempo personalizado para acessar e escrever frases na rede social, com uma janela de 5 a 20 minutos; por exemplo, o usuário A preferiu postar frases próximo das 12:00 horas, com uma janela de 15 minutos, e esse mesmo usuário também costumava escrever mais frases na rede social entre 21:45 - 22:15. A informação de acesso à rede social é adicionada ao sistema de recomendação de música, a fim de capturar as frases de cada usuário. Esta informação é útil para capturar frases em um determinado período de tempo, em vez de capturar as frases aleatoriamente e constantemente. Assim, o sistema de recomendação economiza mais recursos de memória, de processamento e de energia.

5.2 Sistema de recomendação proposto baseado em sentimentos e emoções

O sistema de recomendação proposto tem como objetivo sugerir músicas utilizando 5 tipos de abordagens, as quais são baseadas nos seguintes critérios: métricas Sentimeter-Br, eSM, AFM-Br, *SentiStrengh* e oferece também sugestões sem o uso de uma métrica de sentimentos com uma recomendação de música aleatória.

O sistema de recomendação tem um banco de dados do perfil do usuário, que contém a preferência musical do usuário, os parâmetros do perfil da pessoa e o nome do usuário da rede social, dados estes da pessoa que preencheu o questionário do sistema pela primeira vez. Inicialmente, o sistema captura as frases escritas pela pessoa, a cada momento; depois de três semanas, o sistema já tem os relatórios de tempo de acesso à rede social. O sistema captura as frases só nas horas do dia ou da semana que consta no relatório, com um limite de $\pm 20min$.

No sistema onde são aplicadas as métricas propostas, a pessoa preenche um formulário com nome, gênero, escolaridade, idade, estilo musical preferido segundo um estado emocional (feliz, triste, raiva, nojo e surpresa) e deve classificar as músicas como alegre, triste ou neutra. Neste trabalho, os estilos musicais foram limitados a 3, porém mais estilos podem ser incrementados.

O nome do usuário da rede social do Facebook é utilizado para extrair frases do usuário. As frases são recolhidas e tem a intensidade de sentimento obtida pela métrica Sentimeter-Br. Posteriormente, o fator de correção do sentimento é aplicado, conforme o eSM; a mesma frase é classificada pelo método de aprendizagem de máquina em uma das 5 emoções (alegria, tristeza, raiva, nojo ou surpresa), a intensidade de sentimento, polaridade da frase. Finalmente, o estilo da música (alegre, triste ou neutra) a ser recomendado é escolhido de acordo com a preferência do usuário.

A arquitetura do sistema de recomendação proposto é mostrada na Figura 5.1.

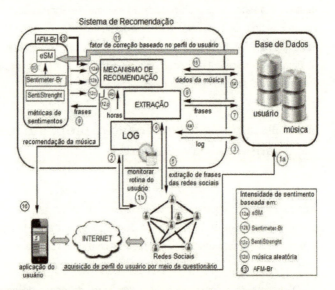

Figura 5.1: Arquitetura da estrutura do sistema de recomendação proposto com base nas métricas de intensidade de sentimento.

Como pode ser observado na Figura 5.1, o sistema de recomendação segue 5 modelos de sugestões. Inicialmente, a aquisição de perfil do usuário é feita e os dados são enviados para o banco de dados (1a); o monitoramento da rotina do usuário começa (1b) e (2), no qual a hora e data são gravados em um relatório e são enviados para o banco de dados (3) e para o mecanismo de recomendação (4a) e (4b); as frases do usuário são extraídas da rede social (5) e as frases são enviados para o módulo de extração (6); adicionalmente, as frases são armazenados em um banco de dados (7) e enviadas para as métricas para calcular a intensidade de sentimento (8) e (9). Os valores de intensidade de sentimento são calculados através das métricas e o sentimento associado ao perfil do usuário (11) .O eSM é calculado usando (10) e (11). As 3 métricas de sentimento (12a), (12b), (12c), a música selecionada aleatoriamente (12d) e a associação das métricas com uso de expressões de emoção, AFM-Br (13) são enviadas para o mecanismo de recomendação, que requisita as músicas (14) ao banco de dados e as envia (15) ao mecanismo de recomendação. Finalmente, as recomendações de músicas são enviadas para o usuário (16).

As recomendações de músicas são feitas segundo o estilo musical preferido do usuário de acordo com a emoção extraída da frase. Se nenhuma frase é postada nas redes sociais, então a música preferida do usuário ou uma música de seu histórico é recomendada.

Alguns exemplos de recomendação são mostrados a seguir:

- Intensidade de sentimento final: -5 a -0,1; polaridade: negativa; emoção: tristeza; estilo de música: triste.

- Intensidade de sentimento final: -5 a -0,1; polaridade: negativa; emoção: tristeza; estilo de música: alegre.

- Intensidade de sentimento final: -5 a -0,1; polaridade: negativa; emoção: raiva; estilo de música: triste.

- Intensidade de sentimento final: -5 a -0,1; polaridade: negativa; emoção: raiva; estilo de música: alegre.

- Intensidade de sentimento final: -5 a -0,1; polaridade: negativa; emoção: nojo; estilo de música: triste.

- Intensidade de sentimento final: -5 a -0,1; polaridade: negativa; emoção: surpresa; estilo de música: triste.

- Intensidade de sentimento final: +5 a +0,1; polaridade: positiva; emoção: alegria; estilo de música: alegre.

- Intensidade de sentimento final: 0; polaridade: neutra; emoção: nenhuma; estilo de música: neutra.

- Intensidade de sentimento final: 0; polaridade: neutra; emoção: nenhuma; estilo de música: alegre.

A pessoa que se expressasse com uma emoção triste e preferisse um estilo musical triste receberia uma música mais melancólica e quem estivesse com raiva e quisesse receber uma música do estilo triste receberia uma sugestão de uma música do estilo metal.

5.2.1 Base de dados

240 músicas são extraídas de um portal de música brasileira e categorizadas em intensidade de sentimentos e emoção nos estilos alegre, neutro e triste, por especialistas em música; as músicas são armazenadas como *filestream - MPEG-I Layer III audio coding scheme* conhecido como MP3 no banco de dados a ser utilizado pelo sistema de recomendação.

Um conjunto de registros contém o nome da música, estilo, cantor, intensidade de sentimento, polaridade e emoção da música são armazenados no banco de dados. A maioria das músicas possui 3,0 MB como tamanho máximo e a duração média de 2 a 3 minutos. O banco de dados também armazena o perfil do usuário, nome do usuário da rede social, categoria e músicas e estilos musicais favoritos do usuário. Os dados são armazenados em um banco de dados de linguagem *Open Source*, MySQL.

5.2.2 Aplicação cliente

As linguagens de programação utilizadas no cliente e na aplicação do lado do servidor são linguagens *Open Source*. O aplicativo do lado do cliente está escrito em linguagem PHP e JavaScript Object Notation (JSON). A interface cliente apresenta à pessoa sugestões de músicas e também mostra: a classificação da polaridade da música, nome e o cantor da música.

5.2.3 Servidor

O sistema tem os módulos de recomendação, extração de frases e de arma-zenamento de dados. O servidor usa os módulos Apache Web Server e PHP. O PHP é uma linguagem de programação do lado do servidor e se comunica com um banco de dados relacional para armazenar os dados sobre o usuário e as mú-sicas. As frases são extraídas da rede social por uma rotina automática escrita na linguagem PHP e JSON. O usuário escreve frases na rede social, o servidor captura as frases no período de tempo personalizado registrado no relatório de atividades e envia as sugestões ao usuário. Como exemplo, o usuário A posta apenas 4 frases por dia e o usuário B prefere postar frases a cada 10 minutos durante todo o dia, para ambos os usuários são enviadas 3 músicas a cada sugestão após o cálculo de sentimentos, polaridade e emoção.

5.3 Avaliação do sistema de recomendação por testes subjetivos

Os 200 avaliadores presentes em ambiente de laboratório após as 3 semanas avaliaram o sistema de recomendação.

Todos os avaliadores que participaram do teste possuíam um perfil de usuário na rede social, Facebook, e escreveram frases na rede social, a fim de serem extraídas para passar pelas métricas propostas. Por fim, o usuário recebia uma recomendação de algumas músicas e tinha que avaliar o seu nível de satisfação com as recomendações.

Os resultados das análises da performance das recomendações feitas pelos avaliadores são mostrados na Tabela 5.1. As opções de resposta são, de acordo com uma escala baseada nos adjetivos descritos da escala *Likert* (LIKERT, 1932), que são: muito bom, bom, neutro, ruim e muito ruim. A escala representa uma medida qualitativa e tem sido amplamente aplicada em muitos estudos (ALEXANDROV, 2010), (HOFFMAN; LEHNER, 2001).

Os avaliadores analisaram positivamente o sistema de recomendação usando as métricas propostas; os resultados alcançaram 94% de satisfação dos avaliadores.

A emoção da pessoa costuma se estabilizar por algumas horas do dia, mudando normalmente de um período do dia para outro, por exemplo, mudando de manhã e à tarde (FONG et al., 2011).

Tabela 5.1: Resultados das recomendações de músicas usando adjetivos descritivos

	Sugestão aleatória sem métrica de sentimentos	Sentimeter-Br	*SentiStrength*	eSM	Sentimeter-Br + eSM + AFM-Br
Muito bom	65%	78%	70%	91%	94%
Bom	15%	13%	16%	7%	5%
Neutro	10%	6%	4%	1%	1%
Ruim	8%	2%	8%	1%	0%
Muito ruim	2%	1%	2%	0%	0%

Neste estudo, a associação das métricas eSM e AFM-Br apresentam bons resultados de acordo com a análise subjetiva.

5.4   Considerações finais

O objetivo deste trabalho foi analisar as emoções em frases de uma rede social para a recomendação de músicas, considerando tanto a análise afetiva quanto as informações de perfil do usuário.

Os resultados dos testes subjetivos destacam a importância de se considerar o perfil do usuário em uma métrica de sentimento. Os testes no ambiente de laboratório demonstraram que os parâmetros podem influenciar a intensidade final de sentimento de uma frase. As métricas propostas foram utilizadas para obter uma intensidade de sentimento mais real.

A nova métrica de intensidade de sentimento, eSM, melhorou o sistema de recomendação de música, mostrando que os sentimentos podem mudar, dependendo do perfil do usuário e agregar AFM-Br auxilia nos resultados quando há expressões de emoções explícitas nas frases.

Os avaliadores obtiveram 94% de satisfação com a associação das métricas propostas em comparação com 65% de uma sugestão de música aleatória que não considera uma intensidade de sentimento, 78% de satisfação do usuário em relação ao Sentimeter-Br e 70% de satisfação em relação ao *SentiStrengh*.

O estudo apresenta a análise de sentimentos aplicada a um sistema de recomendação de música; no entanto, as métricas de sentimentos podem ser aplicadas em muitas outras áreas.

6 Conclusões

A análise de sentimentos vem sendo cada vez mais explorada com o intuito de recomendar conteúdos baseados nos sentimentos das pessoas presentes na Internet, pois, uma pessoa pode preferir diferentes conteúdos dependendo do seu interesse e estado emocional.

Este trabalho descreveu propostas de mecanismos de cálculo de sentimentos com uso de dicionários fixos de palavras para resolver problemas de extração de sentimentos mais realísticos em textos presentes na Internet.

Textos foram extraídos das redes sociais, Twitter e Facebook, e por meio de testes subjetivos presenciais e remotos desenvolveu-se a solução intitulada de Sentimeter-Br que considerou as variações gramaticais e dicionário de dados de n-gramas. Posteriormente, ainda com foco na análise de sentimentos foi proposta a solução denominada de eSM que considera algumas características do usuário para aperfeiçoar o valor de sentimento final de uma frase. Nas redes sociais muitas expressões de emoção são usadas, portanto desenvolveu-se a solução AFM-Br que considera emoções de alegria, tristeza, raiva e nojo.

Por fim, as soluções de análise de sentimento e emoção são aplicadas em um estudo de caso com foco em recomendação de músicas, mostrando uma boa performance dos mecanismos apresentados neste livro.

6.1 Contribuições

Este trabalho estudou e implementou novas métricas de sentimentos e afetividade para efetuar uma análise de sentimentos mais completa e próxima dos sentimentos reais voltada aos textos extraídos da Internet, sejam das redes sociais ou blogs.

As principais contribuições obtidas são descritas a seguir:

- Mecanismo de cálculo de sentimentos de uma frase, Sentimeter-Br, aperfeiçoando os mecanismos e fórmulas já existentes com uso de n-gramas, uso de fatores de acordo com a associação de adjetivos, advérbios e diferentes tempos verbais. Os resultados mostraram que o Sentimeter-Br apresentou resultados superiores em comparação com a técnica de aprendizado de máquina, obtendo 79,48% de frases corretamente classificadas pelo método de testes subjetivos em relação às 3000 frases extraídas da rede social.

- Função de ajuste, eSM, do cálculo de sentimentos associado ao perfil dos usuário da Internet, por meio de fatores relacionados ao gênero, idade, nível de escolaridade e o tema do texto analisado. O eSM destacou que os sentimentos de frases de determinados perfis divergem do valor de sentimentos obtidos de métricas tradicionais de sentimentos.

- Mecanismo de cálculo de sentimentos e afetividade que considerou expressões de emoção por meio da aprendizagem de máquina associada ao eSM, denominado de AFM-Br. O estudo mostrou a necessidade de se considerar tanto a análise de sentimentos com as emoções expressas nos textos. Uma frase de sentimentos negativos teve seu valor de sentimento invertido somente por causa de uma expressão de felicidade, por exemplo.

As métricas propostas de análise de sentimentos e emoção foram validadas por meio do método de análise subjetiva remota ou *crowdsourcing*. Os resultados comprovaram a importância do uso de n-gramas, uso de fatores de correções e associação de características do usuário ao sentimento final.

O estudo de caso de um sistema de recomendação foi aplicado na indicação de músicas utilizando as métricas propostas para efetuar a análise de sentimentos. Os resultados obtidos mostraram que 94% dos usuários do sistema de recomendação musical aprovaram a associação das métricas propostas em comparação com a aprovação de 65% das pessoas sobre a sugestão de música aleatória sem considerar o uso da análise de sentimentos.

Embora o estudo tenha sido feito com uso de palavras e frases em português, o dicionário pode ser traduzido e aplicado em qualquer idioma, porém novos estudos de comportamento humano devem ser feitos, para verificar se o perfil dos usuários em relação aos sentimentos extraídos das frases tem o mesmo comportamento e resultados obtidos neste trabalho.

Para o uso do dicionário proposto em um novo idioma é necessário efetuar a tradução do dicionário fixo de palavras, obter novos fatores para bigramas e trigramas, o fator verbal e determinar os fatores relacionados aos perfis dos usuários para aplicação do eSM. As expressões de emoção também devem ser readequadas para o novo idioma para aplicação do mecanismo AFM-Br.

6.2 Trabalhos futuros

Como trabalho futuro, pretende-se aplicar os estudos em outros idiomas e verificar a relação dos perfis dos usuários em relação aos sentimentos. Nos outros idiomas, as novas expressões e formas de diálogo devem ser estudadas e adequadas às métricas desenvolvidas neste trabalho.

Neste trabalho é utilizado um dicionário fixo, mas como novas expressões vêm sendo criadas e utilizadas nas redes sociais, blogs e fóruns então como desafio futuro serão estudadas maneiras de automatizar os dicionários de palavras a fim de atualizá-lo de tempos em tempos.

O trabalho de análise de sentimentos pode ser aplicado em várias áreas, desde o conhecimento do perfil psicológico das pessoas para acompanhar desvios repentinos de humor até a aplicação dos mecanismos de sentimentos na área de comércio eletrônico na recomendação de produtos mais personalizados. Os sistemas de recomendação são utilizados atualmente nas redes sociais, porém baseiam-se em palavras-chave e não consideram o estado emocional da pessoa. Pretende-se implementar os mecanismos abordados em vários cenários para verificar a performance da análise de sentimentos em diferentes áreas.

A aplicação dos mecanismos em outras áreas servirá para aperfeiçoar ainda mais as técnicas aqui estudadas e implementadas, aumentando a escalabilidade para um maior número de usuários e testes.

Referências

ABEL, F.; DIAZ-AVILES, E.; HENZE, N.; KRAUSE, D.; SIEHNDEL, P. Analyzing the blogosphere for predicting the success of music and movie products. In: *Proceedings of the 2010 International Conference on Advances in Social Networks Analysis and Mining*. Washington, DC, USA: IEEE Computer Society, 2010. p. 276–280. ISBN 978-0-7695-4138-9.

AGARWAL, A.; XIE, B.; VOVSHA, I.; RAMBOW, O.; PASSONNEAU, R. Sentiment analysis of twitter data. In: *Proceedings of the Workshop on Languages in Social Media*. Stroudsburg, PA, USA: Association for Computational Linguistics, 2011. p. 30–38. ISBN 978-1-932432-96-1.

AGERRI, R.; GARCíA-SERRANO, A. Q-wordnet: Extracting polarity from wordnet senses. In: CHAIR), N. C. C.; CHOUKRI, K.; MAEGAARD, B.; MARIANI, J.; ODIJK, J.; PIPERIDIS, S.; ROSNER, M.; TAPIAS, D. (Ed.). *Proceedings of the Seventh International Conference on Language Resources and Evaluation (LREC'10)*. Valletta, Malta: European Language Resources Association (ELRA), 2010.

AHMAD, S. N. Emotions and topics in online word of mouth: Application of latent semantic analysis. Publicado em CD-ROM. May 2013.

ALBAUM, G.; BEST, R.; HAWKINS, D. Continuous vs discrete semantic differential rating scales. *Psychological Reports*, v. 49, n. 6, p. 83–86, Dec. 1981.

ALEXANDROV, A. Characteristics of single-item measures in likert scale format. *Electron. Journal of Business Research Methods*, v. 8, n. 1, p. 1–12, Sep. 2010.

ALM, C. Affect in text and speech. *VDM Verlag*, 2009.

ALUISIO, S. M.; Oliveira Jr., O. N.; ALMEIDA, G. M. B.; NUNES, M. G. V.; OLIVEIRA, L. H. M.; Di Felippo, A.; ANTIQUEIRA, L.; Genoves Jr., L. C.; CASELI, L.; ZUCOLOTTO, L.; Santos Jr., D. S. *Desenvolvimento de uma estrutura conceitual (ontologia) para a área de Nanociência e Nanotecnologia*. São Carlos-SP, Maio 2006. 182 p.

BALAMURALIAR; JOSHI, A.; BHATTACHARYYA, P. Cost and benefit of using wordnet senses for sentiment analysis. In: CALZOLARI, N.; CHOUKRI, K.; DECLERCK, T.; DOgAN, M. U.; MAEGAARD, B.; MARIANI, J.; ODIJK, J.; PIPERIDIS, S. (Ed.). *Proceedings of the Eighth International Conference on Language Resources and Evaluation (LREC-2012)*. Istanbul, Turkey: European Language Resources Association (ELRA), 2012. p. 3090–3097. ISBN 978-2-9517408-7-7.

BARBOSA, L.; FENG, J. Robust sentiment detection on twitter from biased and noisy data. In: *Proceedings of the 23rd International Conference on Computational Linguistics: Posters*. Stroudsburg, PA, USA: Association for Computational Linguistics, 2010. p. 36–44.

BERTINI, M.; BIMBO, A. D.; FERRACANI, A.; GELLI, F.; D.MADDALUNO; PEZZATINI, D. A novel framework for collaborative video recommendation, interest discovery and friendship suggestion based on semantic profiling. In: *21st ACM international conference on Multimedia*. [S.l.]: ACM, 2013. p. 451–452.

BRADLEY; M., M.; LANG; J., P. Affective norms for English words (ANEW): Instruction manual and affective ratings. University of Florida: Center for Research in Psychophysiology, 1999.

BRAGA, I. A. Avaliação da influência da remoção de stopwords na abordagem estatística de extração automática de termos. In: *7th Brazilian Symposium in Information and Human Language Technology (STIL 2009)*. São Carlos, SP, Brazil: [s.n.], 2009. p. 1–8.

BREW, A.; GREENE, D.; CUNNINGHAM, P. Using crowdsourcing and active learning to track sentiment in online media. In: *Proceedings of the 2010 Conference on ECAI 2010: 19th European Conference on Artificial Intelligence*. Amsterdam, The Netherlands, The Netherlands: IOS Press, 2010. p. 145–150.

BROILLET, A.; DUBOSSON, M.; TRABICHET, J.-P. An internet based distribution strategy of luxury products and services grounded on qualitative web discourse analysis. In: *Proc. IEEE International Professional Communication Conference IPCC 2008*. [S.l.: s.n.], 2008. p. 1–7.

CALIX, R. A.; MALLEPUDI, S. A.; CHEN, B.; KNAPP, G. M. Emotion recognition in text for 3-d facial expression rendering. *IEEE Trans. Multimedia*, v. 12, n. 6, 2010.

CAMBRIA, E.; CH, P.; SHARMA, A.; HUSSAIN, A. *Do Not Feel The Trolls*. November 2010.

CAMBRIA, E.; GRASSI, M.; HUSSAIN, A.; HAVASI, C. Sentic computing for social media marketing. *Multimedia Tools Appl.*, v. 59, n. 2, p. 557–577, July 2012.

CAMBRIA, E.; HUSSAIN, A. *Sentic Computing Techniques, Tools, and Applications 2nd Edition*. [S.l.]: Springer, 2012.

CARVALHO, P.; SARMENTO, L.; SILVA, M. J.; OLIVEIRA, E. Clues for detecting irony in user-generated contents: oh...!! it's 'so easy' ;-). In: *1st International CIKM Workshop on Topic-sentiment Analysis for Mass Opinion*. [S.l.]: ACM, 2009. p. 53–56.

CEM, A.; ALEXANDER, C.; JANYCE, W.; RADA, M. Amazon mechanical turk for subjectivity word sense disambiguation. In: *NAACL-HLT 2010 Workshop on Creating Speech and Language Data With Amazon's Mechanical Turk*. [S.l.: s.n.], 2010.

CHAMLERTWAT, W.; BHATTARAKOSOL, P.; RUNGKASIRI, T.; HARUECHAIYA-SAK, C. Discovering consumer insight from twitter via sentiment analysis. *J. UCS*, v. 18, n. 8, p. 973–992, 2012.

CHARLEYNE, B.; CASTRO, L. T. The market strategies alternatives of an e-business start-up in brazil. *Fundation of Getulio Vargas*, 2012.

CHEN, H.-C.; CHEN, A. L. A music recommendation system based on music data grouping and user interests. In: *Tenth International Conference on Information and Knowledge Managementy*. [S.l.: s.n.], 2001. p. 231–238.

CHEN, T.; XU, R.; LU, Q.; LIU, B.; XU, J.; YAO, L.; HE, Z. A sentence vector based over-sampling method for imbalanced emotion classification. In: GELBUKH, A. (Ed.). *Computational Linguistics and Intelligent Text Processing.* [S.l.]: Springer Berlin Heidelberg, 2014, (Lecture Notes in Computer Science, v. 8404). p. 62–72. ISBN 978-3-642-54902-1.

DANG, T. T. *Evaluation of Natural Language Processing Techniques for Sentiment Analysis on Tweets.* Dissertação (Bachelor's Thesis) — Knowledge Engineering Group, TU Darmstadt, out. 2012.

DAVE, K.; LAWRENCE, S.; PENNOCK, D. M. Mining the peanut gallery: Opinion extraction and semantic classification of product reviews. In: *Proceedings of the 12th International Conference on World Wide Web.* New York, NY, USA: ACM, 2003. (WWW '03), p. 519–528. ISBN 1-58113-680-3.

DENECKE, K. Using sentiwordnet for multilingual sentiment analysis. *2008 IEEE 24th International Conference on Data Engineering Workshop,* Ieee, p. 507512, 2008.

DOMINGOS, P. Mining Social Networks for Viral Marketing. *IEEE Intelligent Systems,* v. 20, n. 1, p. 80–82, 2005. Disponível em: <http://www.cs.washington.edu/homes/pedrod/papers/iis04.pdf>.

DUFFY, B.; SMITH, K. International journal of market research. In: *Comparing data from online and face-to-face surveys.* [S.l.: s.n.], 2006. v. 47, n. 6, p. 615–640.

D.YANG; ZHANG, D.; YU, Z.; WANG, Z. A sentiment-enhanced personalized location recommendation system. *Proceedings of the 24th ACM Conference on Hypertext and Social Media,* York, NY, USA, v. 63, p. 119–128, 2013.

ESULI, A.; SEBASTIANI, F. Sentiwordnet: A publicly available lexical resource for opinion mining. In: *In Proceedings of the 5th Conference on Language Resources and Evaluation (LREC06.* [S.l.: s.n.], 2006. p. 417–422.

FAN, Y.; SHEN, Y.; MAI, J. Study of the model of e-commerce personalized recommendation system based on data mining. In: *International Symposium on Electronic Commerce and Security.* [S.l.: s.n.], 2008. v. 3, p. 647–651.

FELDMAN, R. Techniques and applications for sentiment analysis. *Communications of the ACM,* v. 56, p. 82–89, 2013.

FINCH, A. Phrase-based part-of-speech tagging. In: *ICWSM.* [S.l.]: International Conference on Natural Language Processing and Knowledge Engineering, 2007. p. 215–220.

FONG, A.; ZHOU, B.; HUI, S.; HONG, G.; DO, T. A. Web content recommender system based on consumer behavior modeling. *IEEE Trans. Consumer Electron.,* v. 57, n. 2, p. 962–969, May 2011.

G.-CRESPO, .; PALACIOS, R. C.; BERBÍS, J. M. G.; SáNCHEZ, F. G. Solar: Social link advanced recommendation system. In: *Future Gener. Comput. Syst.* [S.l.: s.n.], 2010. v. 26, n. 3, p. 374–380.

GLANCE, N.; HURST, M.; NIGAM, K.; SIEGLER, M.; STOCKTON, R.; TOMOKIYO, T. Deriving marketing intelligence from online discussion. In: *Proceedings of the eleventh ACM SIGKDD international conference on Knowledge discovery in data mining.* New York, NY, USA: ACM, 2005. (KDD '05), p. 419–428. ISBN 1-59593-135-X. Disponível em: <http: //doi.acm.org/10.1145/1081870.1081919>.

HANDS, D. A basic multimedia quality model. *IEEE Transactions on Multimedia,* v. 6, n. 6, p. 806–816, december 2004.

HOFFMAN, H. F.; LEHNER, F. Requirements engineering as a success factor in software projects. *IEEE Software,* v. 18, n. 4, p. 58–66, Jul 2001.

HOGENBOOM, A.; ITERSON, P. van; HEERSCHOP, B.; FRASINCAR, F.; KAYMAK, U. Determining negation scope and strength in sentiment analysis. In: *SMC.* [S.l.]: IEEE, 2011. p. 2589–2594. ISBN 978-1-4577-0652-3.

HU, M.; LIU, B. Mining and summarizing customer reviews. In: *Proceedings of the Tenth ACM SIGKDD International Conference on Knowledge Discovery and Data Mining.* New York, NY, USA: ACM, 2004. (KDD '04), p. 168–177. ISBN 1-58113-888-1.

HUANG, Y.-P.; GOH, T.; LIEW, C. L. Hunting suicide notes in web 2.0 - preliminary findings. In: *Multimedia Workshops, 2007. ISMW '07. Ninth IEEE International Symposium on.* [S.l.: s.n.], 2007. p. 517–521.

KEATING, M.; RHODES, B.; RICHARDS, A. Crowdsourcing: A flexible method for innovation, data collection, and analysis in social science research. In: ____. *Social Media, Sociality, and Survey Research.* John Wiley Sons, Inc., 2013. p. 179–201. ISBN 9781118751534. Disponível em: <http://dx.doi.org/10.1002/9781118751534.ch8>.

KELLER, F.; LAPATA, M. Using the web to obtain frequencies for unseen bigrams. *Comput. Linguist.,* MIT Press, Cambridge, MA, USA, v. 29, n. 3, p. 459–484, set. 2003. ISSN 0891-2017. Disponível em: <http: //dx.doi.org/10.1162/089120103322711604>.

KOELSTRA, S.; MüHL, C.; SOLEYMANI, M.; LEE, J.-S.; YAZDANI, A.; EBRAHIMI, T.; PUN, T.; NIJHOLT, A.; PATRAS, I. Deap: A database for emotion analysis ;using physiological signals. *T. Affective Computing,* v. 3, n. 1, p. 18–31, 2012.

KOUKOURIKOS, A.; STOITSIS, J.; KARAMPIPERIS, P.; KARAMPIPERIS, P. *Sentiment Analysis: A tool for Rating Attribution to Content in Recommender Systems.* 2012.

KOULOUMPIS, E.; WILSON, T.; MOORE, J. Twitter sentiment analysis: The good the bad and the omg! In: *ICWSM.* [S.l.: s.n.], 2011.

KRCADINAC, U.; PASQUIER, P.; JOVANOVIC, J.; DEVEDZI, V. Synesketch: An open source library for sentence-based emotion recognition. *IEEE Transactions on Affective Computing,* ACM, v. 4, n. 3, p. 312–325, September 2013.

KUCUKTUNC, O.; CAMBAZOGLU, B. B.; WEBER, I.; FERHATOSMANOGLU, H. A large-scale sentiment analysis for yahoo! answers. *Fifth ACM international conference on Web search and data mining,* York, NY, USA, v. 63, p. 633–642, 2012.

LAMPE, A.; ELLISON, N.; STEINFIELD, C. A familiar face(book): profile elements as signals in an online social network. *SIGCHI Conference on Human Factors in Computing Systems*, ACM, New York, NY, USA, p. 435–444, 2007.

LIKERT, R. A technique for the measurement of attitudes. *Archives of psychology*, v. 22, n. 140, p. 1–55, Jun 1932.

LU, S. A preliminary analysis of the continuous axis value of the three-dimensional pad speech emotional state model. *The 16th edition of the International Conference on Digital Audio Effects (DAFx)*, 2013.

MACHAJDIK, J.; HANBURY, A. Affective image classification using features inspired by psychology and art theory. In: *Proceedings of the International Conference on Multimedia*. New York, NY, USA: ACM, 2010. (MM '10), p. 83–92. ISBN 978-1-60558-933-6. Disponível em: <http://doi.acm.org/10.1145/1873951.1873965>.

MACHEDON, R.; RAND, W. M.; JOSHI, Y. V. Automatic classification of social media messaging using multi-dimensional sentiment analysis and crowdsourcingy. In: *SSRN*. [S.l.: s.n.], 2013.

MISLOVE, A.; MARCON, M.; GUMMADI, K. P.; DRUSCHEL, P.; BHATTACHAR-JEE, B. Measurement and analysis of online social networks. In: *Proceedings of the 7th ACM SIGCOMM conference on Internet measurement*. New York, NY, USA: ACM, 2007. (IMC '07), p. 29–42. ISBN 978-1-59593-908-1. Disponível em: <http://doi.acm.org/10.1145/1298306.1298311>.

MIZUMOTO, K.; YANAGIMOTO, H.; YOSHIOKA, M. Sentiment analysis of stock market news with semi-supervised learning. In: *Proceedings of the 2012 IEEE/ACIS 11th International Conference on Computer and Information Science*. Washington, DC, USA: IEEE Computer Society, 2012. (ICIS '12), p. 325–328. ISBN 978-0-7695-4694-0. Disponível em: <http://dx.doi.org/10.1109/ICIS.2012.97>.

MUKHERJEE, S.; VAPNIK, V. Multivariate density estimation: a support vector machine approach. In: *In NIPS 12*. [S.l.]: Morgan Kaufmann Publishers, 1999.

NA, F. A method based on generation models for analyzing sentiment-topic in texts. *International Conference on Computational Intelligence and Software Engineering*, p. 1–5, 2009.

NAGY, A.; STAMBERGER, J. Crowd sentiment detection during disasters and crises. In: ROTHKRANTZ, L.; RISTVEJ, J.; FRANCO, Z. (Ed.). *Proceedings of the 9th International ISCRAM Conference*. [S.l.: s.n.], 2012.

NAKOV, P.; KOZAREVA, Z.; RITTER, A.; ROSENTHAL, S.; STOYANOV, V.; WILSON, T. *SemEval-2013 Task 2: Sentiment Analysis in Twitter*. 2013.

NEVES, M. H. de M. *Gramática de usos do português*. Unesp, p. 100, 2008.

NEVIAROUSKAYA, A.; AONO, M. Analyzing sentiment word relations with affect, judgment, and appreciation. In: *Proceedings of the 2nd Workshop on Sentiment Analysis where AI meets Psychology (SAAIP 2012)*. Mumbai: [s.n.], 2012. p. 1–8. Publicado em CD-ROM.

NIELSEN, F. Å. A new anew: Evaluation of a word list for sentiment analysis in microblogs. *CoRR*, abs/1103.2903, 2011.

PAK, A.; PAROUBEK, P. Twitter based system: Using twitter for disambiguating sentiment ambiguous adjectives. In: *5th International Workshop on Semantic Evaluation*. [S.l.: s.n.], 2010. p. 436–439.

PANG, B.; LEE, L. Opinion mining and sentiment analysis. *Found. Trends Inf. Retr.*, Now Publishers Inc., Hanover, MA, USA, v. 2, n. 1-2, p. 1–135, jan. 2008. ISSN 1554-0669. Disponível em: <http://dx.doi.org/10.1561/1500000011>.

PANG, B.; LEE, L.; VAITHYANATHAN, S. Thumbs up?: sentiment classification using machine learning techniques. In: *Proceedings of the ACL-02 conference on Empirical methods in natural language processing - Volume 10*. Stroudsburg, PA, USA: Association for Computational Linguistics, 2002. (EMNLP '02), p. 79–86. Disponível em: <http://dx.doi.org/10.3115/1118693.1118704>.

PENG, W.; PARK, D. H. Generate adjective sentiment dictionary for social media sentiment analysis using constrained nonnegative matrix factorization. In: ADAMIC, L. A.; BAEZA-YATES, R. A.; COUNTS, S. (Ed.). *ICWSM*. [S.l.]: The AAAI Press, 2011.

PICARD, R.; E.VYZAS; HEALEY, J. Toward machine emotional intelligence: analysis of affective physiological state. *IEEE Transactions on Pattern Analysis and Machine Intelligence*, v. 23, n. 10, p. 1175–1191, October 2001.

QIU, G.; ZHANG, F.; BU, J.; CHEN, C. Domain specific opinion retrieval. In: *Proceedings of the 5th Asia Information Retrieval Symposium on Information Retrieval Technology*. Berlin, Heidelberg: Springer-Verlag, 2009. (AIRS '09), p. 318–329. ISBN 978-3-642-04768-8. Disponível em: <http://dx.doi.org/10.1007/978-3-642-04769-5_28>.

QUAN, C.; REN, F. Construction of a blog emotion corpus for chinese emotional expression analysis. In: *Proceedings of the 2009 Conference on Empirical Methods in Natural Language Processing: Volume 3 - Volume 3*. Stroudsburg, PA, USA: Association for Computational Linguistics, 2009. (EMNLP '09), p. 1446–1454. ISBN 978-1-932432-63-3. Disponível em: <http://dl.acm.org/citation.cfm?id=1699648.1699691>.

RAO, Y.; LEI, J.; WENYIN, L.; L, Q. Building emotional dictionary for sentiment analysis of online news. *World Wide Web*, p. 1–20, 2013.

REISCHACH, F.; GUINARD, D.; MICHAHELLES, F.; FLEISCH, E. A mobile product recommendation system interacting with tagged products. In: *IEEE International Conference on Pervasive Computing and Communications*. [S.l.]: IEEE Computer Society, 2009. p. 1–6.

REN, F.; WU, Y. Predicting user-topic opinions in twitter with social and topical context. *IEEE Transactions on Affective Computing*, v. 4, n. 4, p. 412–424, December 2013.

ROBISON, J.; MCQUIGGAN, S.; LESTER, J. Developing empirically based student personality profiles for affective feedback models. In: *Intelligent Tutoring Systems*. [S.l.: s.n.], 2010. p. 285–295.

RODRÍGUEZ, D. Z.; ROSA, R.; BRESSAN, G. Ieee latin america transactions. In: *Improving a Video Quality Metric with the Video Content Type parameter*. [S.l.: s.n.], 2014. v. 12, n. 4, p. 740–745.

91

RODRIGUEZ, J. Sensitivity analysis of k-fold cross validation in prediction error estimation. In: *IEEE Transactions on Pattern Analysis and Machine Intelligence*. San Sebastian, Spain: [s.n.], 2010. p. 569–575. ISBN 2-9517408-6-7.

ROSA, R. L.; RODRIGUEZ, D. Z.; BRESSAN, G. Sentimeter-br: Facebook and twitter analysis tool to discover consumers sentiment. *The Ninth Advanced International Conference on Telecommunications*, IARIA, Rome, Italy, jun. 2013.

RUSSELL, J. A circumplex model of affect. *Journal of Personality and Social Psychology*, n. 39, p. 11611178, 1980.

SANTOS, G. L. dos. A comparison of e-commerce adoption - brazil vs. the netherlands. *Fundation of Getulio Vargas*, 2011.

SANTOS, O. C.; BOTICARIO, J. G. Affective issues in semantic educational recommender systems. In: *In Proceedings of the 2nd Workshop on Recommender Systems for Technology Enhanced Learning. CEUR-WS proceedings*. [S.l.: s.n.], 2012. p. 71–82.

SAPOLSKY, B. S.; SHAFER, D. M.; KAYE, B. K. Rating offensive words in three television program contexts. In: *Broadcast Education Association Annual Conference*. Las Vegas, NV: [s.n.], 2008.

SASAKI, S.; HIRAI, T.; OHYA, H.; MORISHIMA, S. Affective e-learning: Using emotional data to improve learning in pervasive learning environment. *International Conference on Culture and Computing*, p. 153–154, September 2013.

SCHEVE, C.; SALMELLA, M. Collective emotions: Perspectives from psychology. In: *Philosophy, and Sociology*. Oxford, USA: Oxford University Press, 2014.

SELM, M. V.; JANKOWSI, N. W. Quality ans quantity. In: *Conducting online surveys*. [S.l.: s.n.], 2006. v. 40, p. 435–456.

SHEN, L.; WANG, M.; SHEN, R. Affective e-learning: Using "emotional"data to improve learning in pervasive learning environment. *Educational Technology Society*, v. 12, n. 2, p. 176–189, 2007. Disponível em: <http://dblp.uni-trier.de/db/journals/ets/ets12.html#ShenWS07>.

SIDOROV, G.; MIRANDA-JIMéNEZ, S.; JIMéNEZ, F. V.; GELBUKH, A. F.; CASTRO-SáNCHEZ, N. A.; VELASQUEZ, F.; DíAZ-RANGEL, I.; GUERRA, S. S.; TREVIñO, A.; GORDON, J. Empirical study of machine learning based approach for opinion mining in tweets. In: *MICAI*. [S.l.: s.n.], 2012. p. 1–14. Publicado em CD-ROM.

SILVA, N. R.; LIMA, D. SAPair: Um Processo de Análise de Sentimento no Nível de Característica. WTI 2012, 2012.

SKOWRON, M.; THEUNIS, M.; RANK, S.; KAPPAS, A. Affect and social processes in online communication–experiments with an affective dialog system. *IEEE Transactions on Affective Computing*, v. 4, n. 3, p. 267–279, September 2013.

SODERLAND, S.; ARONOW, D.; FISHER, D.; ASELTINE, J.; LEHNERT, W. *Machine Learning of Text Analysis Rules for Clinical Records*. 1995.

SOLEYMANI, M.; KIERKELS, J.; CHANEL, G.; PUN, T. A bayesian framework for video affective representation. In: *Affective Computing and Intelligent Interaction and Workshops, 2009. ACII 2009. 3rd International Conference on.* [S.l.: s.n.], 2009. p. 1–7.

THAYER, R. E. The biopsychology of mood and arousal. Oxford Univ. Press, 1989.

THELWALL, M.; BUCKLEY, K.; PALTOGLOU, G. Sentiment strength detection for the social web. *JASIST*, v. 63, p. 163–173, 2012.

THELWALL, M.; BUCKLEY, K.; PALTOGLOU, G.; CAI, D.; KAPPAS, A. Sentiment in short strength detection informal text. *J. Am. Soc. Inf. Sci. Technol.*, John Wiley & Sons, Inc., New York, NY, USA, v. 61, n. 12, p. 2544–2558, dez. 2010. ISSN 1532-2882. Disponível em: <http://dx.doi.org/10.1002/asi.v61:12>.

THELWALL, M.; WILKINSON, D.; UPPAL, S. Data mining emotion in social network communication: Gender differences in myspace. *J. Am. Soc. Inf. Sci. Technol.*, v. 61, p. 190–199, 2010.

TURNEY, P. D. Thumbs up or thumbs down?: semantic orientation applied to unsupervised classification of reviews. In: *Proceedings of the 40th Annual Meeting on Association for Computational Linguistics.* Stroudsburg, PA, USA: Association for Computational Linguistics, 2002. (ACL '02), p. 417–424. Disponível em: <http://dx.doi.org/10.3115/1073083.1073153>.

WIEBE, J.; WILSON, T. Learning to disambiguate potentially subjective expressions. In: *proceedings of the 6th conference on Natural language learning - Volume 20.* Stroudsburg, PA, USA: Association for Computational Linguistics, 2002. (COLING-02), p. 1–7. Disponível em: <http://dx.doi.org/10.3115/1118853. 1118887>.

WILSON, T.; WIEBE, J.; HOFFMANN, P. Recognizing contextual polarity in phrase-level sentiment analysis. In: *Proceedings of the conference on Human Language Technology and Empirical Methods in Natural Language Processing.* Stroudsburg, PA, USA: Association for Computational Linguistics, 2005. (HLT '05), p. 347–354. Disponível em: <http://dx.doi.org/10.3115/1220575.1220619>.

XU, M.; WANG, J.; HE, X.; JIN, J.; LUO, S.; LU, H. A three-level framework for affective content analysis and its case studies. *Multimedia Tools and Applications*, Springer US, v. 70, n. 2, p. 757–779, 2014. ISSN 1380-7501. Disponível em: <http://dx.doi.org/10.1007/s11042-012-1046-8>.

YIN, C.; PENG, Q. Sentiment analysis for product features in chinese reviews based on semantic association. In: *Proceedings of the 2009 International Conference on Artificial Intelligence and Computational Intelligence - Volume 03.* Washington, DC, USA: IEEE Computer Society, 2009. (AICI '09), p. 81–85. ISBN 978-0-7695-3816-7. Disponível em: <http://dx.doi.org/10.1109/AICI.2009.326>.

ZHANG, C.; ZUO, W.; PENG, T.; HE, F. Sentiment classification for chinese reviews using machine learning methods based on string kernel. In: *Proceedings of the 2008 Third International Conference on Convergence and Hybrid Information Technology - Volume 02.* Washington, DC, USA: IEEE Computer Society, 2008. (ICCIT '08), p. 909–914. ISBN 978-0-7695-3407-7. Disponível em: <http://dx.doi.org/10.1109/ICCIT.2008.51>.

ZHANG, Z.; LIN, H.; LIU, K.; WU, D.; ZHANG, G.; LU, J. A hybrid fuzzy-based personalized recommender system for telecom products/services. In: *Inf. Sci.* [S.l.: s.n.], 2013. v. 235, p. 117–129.

ZHOU, R.; KHEMMARAT, S.; GAO, L. The impact of youtube recommendation system on video views. In: *10th ACM SIGCOMM conference on Internet measurement.* [S.l.]: ACM, 2010. v. 3, p. 404–410.

Apêndice A – Algoritmos de aprendizagem de máquina utilizados na tese

Neste trabalho é utilizada a aprendizagem supervisionada.

Aprendizagem de Máquina é útil para aprender por meio de modelos e padrões já classificados. Isto pode ser usado na análise de sentimentos, na descoberta de polaridade, por exemplo.

No software Weka, vários algoritmos de aprendizagem de máquina já estão integrados e são usados para a classificação. Neste trabalho foram utilizadas as redes bayesianas (Naive Bayes e Bayes Multinomial), árvores de decisão (C4.5) e otimização mínima seqüencial (SMO), para descobrir se os textos tem um valor positivo, negativo, neutro ou spam.

A.1 Árvores de Decisão

Árvores de Decisão ou Decision Trees podem ser utilizadas para dar ao agente a capacidade de aprender, bem como tomar decisões segundo decisões tomadas pelos nós pai.

Uma árvore de decisão é um modelo de conhecimento em que cada ramo ligando um nó filho a um nó pai é marcado com um valor do atributo contido no nó pai. Aprendizado de árvores de decisão é um exemplo de aprendizado indutivo: cria uma hipótese baseada em instâncias particulares que gera conclusões gerais.

As árvores de decisão tomam como entrada uma situação descrita por um conjunto de atributos e retorna uma decisão, que é o valor predizido para o valor de entrada. Os atributos de entrada podem ser discretos ou contínuos.

Para melhor compreender o funcionamento de uma árvore de decisão, vamos considerar o exemplo da Figura A.1. Considera-se o problema de saber se um estudante de engenharia possui ou não interesse por arte. O objetivo é aprender a definição para possui/não possui interesse para arte. Para qualquer problema de árvore de decisão, deve-se inicialmente definir atributos disponíveis para descrever exemplos de possíveis casos do domínio. São adotados os seguintes atributos: é ou não é estudante de engenharia.

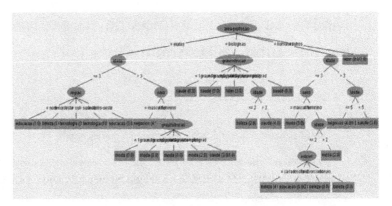

Figura A.1: Exemplo da árvore de decisão gerado pelo Weka

Com as entradas dos padrões, os valores posteriores que serão classificados aprendem com estes padrões e cada nó filho herda uma classificação do nó pai.

A.2 Classificação Bayesiana

O algoritmo de Classificação Bayesiana recebe este nome por ser baseado no teorema de probabilidade de Bayes. Também é conhecido por classificador de Naive Bayes ou somente algoritmo de Bayes.

O algoritmo tem como objetivo calcular a probabilidade que uma amostra desconhecida pertence a cada uma das classes possíveis, ou seja, predizer a classe mais provável. Este tipo de predição é chamado de classificação estatística, pois é completamente baseada em probabilidades.

Esta classificação também é chamada simples ou ingênua, pois ela considera que o efeito do valor de um atribuído sobre uma determinada classe ser independente dos valores dos outros atributos, o que simplifica os cálculos envolvidos.

Outra característica deste algoritmo é que ele requer um conjunto de dados prévio que já esteja classificado, ou seja, um conjunto que já esteja separado em classes (ou clusters). Baseado neste conjunto de dados prévios, que também é chamado de conjunto de treinamento, o algoritmo recebe como entrada uma nova amostra desconhecida, ou seja, que não possui classificação, e retorna como saída a classe mais provável para esta amostra de acordo com cálculos probabilísticos. A classificação Bayesiana não necessita de uma métrica para comparar a distância entre as instâncias e nem classifica a amostra desconhecida automaticamente, pois é necessário um conjunto de dados já classificados. Devido a esta necessidade, considera-se o algoritmo de Classificação Bayesiana como um algoritmo de mineração de dados supervisionado.

Naive Bayes Multinomial é uma versão especializada do Naive Bayes que é projetada mais para documentos de texto. Naive Bayes Multinomial explicita modelos com palavra e ajusta cálculos subjacentes para lidar com os cálculos.

A distribuição é parametrizada por vetores $\theta_y = (\theta_{y1}, \ldots, \theta_{ym})$ para cada classe y, onde n é o número de características (na classificação de textos, o tamanho do vocabulário) e θ_{yi} é a probabilidade $P(x_i \mid y)$ da característica i que aparece em uma amostra pertencente a y.

O parâmetro θ_y é estimado por uma versão suavizada de probabilidade máxima, isto é, frequência relativa de contagem, como a Equação A.1.

$$\hat{\theta}_{yi} = \frac{N_{yi} + \alpha}{N_y + \alpha n} \tag{A.1}$$

Onde:

- $N_{yi} = \sum_{x \in T}$.

- x_i é o número de vezes que a característica i aparece em uma amostra de classe y em um conjunto de treinamento T.

- $N_y = \sum_{i=1}^{|T|} N_{yi}$ é o número total de todas as características para a classe y.

Os antecedentes de suavização $\alpha \geq 0$ contam de características não presentes nas amostras de aprendizagem e impede probabilidades nulas em cálculos posteriores. E $\alpha = 1$ é chamada de suavização Laplaciana, enquanto $\alpha < 1$ é chamada de suavização de Lidstone.

A.3 Otimização seqüencial mínima (SMO)

Support Vector Machines (SVM) são um conjunto de algoritmos que aprendem a partir de dados através da criação de modelos que maximizam a sua margem de erro.

SVMs trabalham com classificações, regressões, transduções e aprendizagem semi-supervisionada. Eles trabalham escolhendo um modelo que maximiza a margem de erro de um conjunto de treinamento.

SVMs foram originalmente desenvolvidos por Vladimir Vapnik em 1963 e vem sido aprimorado por alguns estudos, como em (MUKHERJEE; VAPNIK, 1999).

O algoritmo SVM tem demonstrado um bom desempenho em vários tipos diferentes de problemas como reconhecimento de caracteres, pessoas, categorização de texto e análise de sentimentos.

SMO é um algoritmo descrito como a utilização de uma programação analítica quadrática. É um algoritmo que resolve o problema de Programação Quadrática (QP) do Suporte de vector de máquina (SVM) sem qualquer armazenamento de matriz extra e sem invocar rotina numérica iterativo para cada sub-problema, posteriormente decompõe-se o problema QP global em sub-problemas QP. A SMO implementa o algoritmo de otimização seqüencial mínima para a formação de um classificador de vetor de suporte usando polinomial ou kernels RBF (Radial Basis Function). Problemas multi-classe são resolvidos através da classificação de pares.